JN120326

図解でわかる

改訂2版

労働者派遣 いちばん最初に読む本

HRプラス社会保険労務士法人
代表社員・特定社会保険労務士
佐藤 広一

HRプラス社会保険労務士法人
マネジャー・社会保険労務士
星野 陽子

アニモ出版

はじめに

労働者派遣法は、昭和60年に制定されて以来、たびたび法改正が繰り返されてきました。

制定当時は、正社員の仕事が派遣労働者に置き換えられるのではないか、という危惧もあり、専門的な業務に限られ、派遣法の趣旨は派遣労働者の就労条件を整備する目的にありました。

ところが、平成11年改正により対象業務は原則自由化され、さらに平成15年には製造業への派遣も解禁され、派遣期間も最長３年間に延長されると、派遣労働者が雇用の調整弁として「派遣切り」されたり、中高年になってもキャリアチェンジができないなど、いわゆるワーキングプアとしての弊害が露見されるようになりました。

そこで、平成24年改正において法律の名称を「**労働者派遣事業の適正な運営の確保及び派遣労働者の保護等に関する法律**」に改め、法律の目的が派遣労働者の保護にあることが明記されました。

本来、労働者派遣契約の内容でありながら請負契約として就労させるいわゆる「偽装請負」を問題視し、派遣先が違法であることを知りながら派遣労働者を受け入れている場合には、派遣先が派遣労働者に対して労働契約を申し込んだものとみなす「**労働契約申込みみなし制度**」が導入されました。

このような変遷を経て、平成27年９月30日に、「**労働者派遣事業の許可制への一本化**」「**派遣先事業所単位の期間制限**」「**派遣労働者個人単位の期間制限**」**などを柱とする法改正**が行なわれました。

また、平成30年改正では、派遣先に雇用される通常の労働者（無期雇用フルタイム労働者）と派遣労働者との間の不合理な待遇差を解消する、いわゆる「**同一労働・同一賃金**」の考え方が織り込まれ、派遣先の通常の労働者との均等・均衡待遇方式か、派遣元における労使協定方式のいずれかを選択することが義務化されました。

労働者派遣法を詳しく理解するにあたっては、厚生労働省が出している「労働者派遣事業関係業務取扱要領」を読み解くことが必要になりますが、法律用語の言い回しが独特で非常に難解であり、理解を深めるには多くの時間を要することになります。人事労務に携わる人でも最後まで読破できる人は希(まれ)ではないでしょうか。

本書は、こうした難解な労働者派遣事業について、労働者派遣事業を開始・運営している派遣元事業者、派遣労働者を受け入れている派遣先事業者のために、そのしくみと内容、業務フローを、図解を多く用いてわかりやすく解説したものです。実務にすぐ役立つように、実際に使用する書式も多く織り込んでいます。

また、本書の執筆にあたっては、以下の点に配慮いたしました。

①知りたいことがすぐ引ける検索性を重視しました。
②原則として１つの項目につき「見開き２ページ」としました。
③ビジュアルから理解できるよう図表・書式を多く用いました。
④紹介予定派遣を行なうことを意識して、職業紹介事業のしくみについても言及しました。

昨今、労働者派遣事業を取り巻く環境は大きく変化しています。また、行政からも厳しい目が向けられており、派遣元、派遣先を問わず指導の強化が図られています。とりわけ、派遣元事業主は、派遣労働者の公正な待遇を確保するため、「**派遣先均等・均衡方式**」か「**労使協定方式**」かを選択しなければならず、「労使協定方式」では、「派遣労働者が従事する業務と同種の業務に従事する一般の労働者の平均的な賃金の額として厚生労働省令で定めるものと同等以上の賃金の額となるものであること」の要件を満たすことが求められるなど、これまでにない高いハードルが課せられることになりました。

また、派遣労働者が不合理な待遇差を感じることのないよう、雇入れ時、派遣時に、派遣労働者から求めがあった場合には、派遣労働者への待遇に関する説明義務が課されています。

今後の人材マネジメントとしては、プロパー社員と派遣労働者を区別するのではなく、「同じ職場で働く仲間」として、待遇を含めて検討していくことがトレンドとなるでしょう。

本書を活用して、派遣元・派遣先の双方がヌケ・モレのない正しい知識を身につけ、ますます重要視されるコンプライアンス経営に役立てていただければ、著者としてこれに勝る喜びはありません。

最後に、本書の執筆にあたって改正・労働者派遣法をくまなく調べ、昼夜を惜しんで執筆にあたってくれた、弊所社会保険労務士であり共著者の星野陽子氏に心より感謝申し上げます。どうもありがとう。

2020年11月

HRプラス社会保険労務士法人
代表社員・特定社会保険労務士　佐藤広一

本書の内容は、2024年４月10日現在の法令等にもとづいています。

改正情報

労働者派遣法施行規則、派遣元指針、派遣先指針、日雇指針およびｅ－文書省令について、以下のとおり改正されています。

【令和３年（2021年）１月１日施行】

●派遣労働者の雇入れ時の説明の義務づけ

派遣元に対し、教育訓練およびキャリアコンサルティングの内容について、派遣労働者に対する雇入れ時の説明を義務づける。

●労働者派遣契約に係る事項の電磁的記録による作成について

書面により作成することとされている労働者派遣契約について、電磁的記録により作成することも認める。

●派遣先における派遣労働者からの苦情の処理について

派遣先における派遣労働者からの苦情の処理にあたって、特に派遣先に課されている労働関係法令上の義務に関する苦情については、派遣先が誠実かつ主体的に対応すべきこととする。

●日雇い派遣について

日雇い派遣において、労働者の責に帰すべき事由以外の事由によって労働者派遣契約の解除が行なわれた場合について、派遣元は、新たな就業機会の確保ができない場合であっても、休業等により雇用の維持を図るとともに、休業手当の支払い等の労働基準法等にもとづく責任を果たすべきことを明確化する。

【令和３年４月１日施行】

●雇用安定措置に係る派遣労働者の希望の聴取等

派遣元は、雇用安定措置を講ずるに当たっては、派遣労働者の希望する措置の内容を聴取しなければならない。また、その聴取結果を派遣元管理台帳に記載しなければならない。

●マージン率等のインターネットでの情報提供について

派遣元による情報提供の義務があるすべての情報について、インターネットの利用その他の適切な方法により情報提供しなければならない。マージン率の情報提供については、常時インターネットの利用により、広く関係者、とりわけ派遣労働者に必要な情報を提供することを原則とする。

もくじ

3章 労働者派遣を開始するとき・終了するときの実務知識

4章 労働者派遣に関係する労働法の規定

5章 派遣労働者に対する給与・社会保険の取扱いと事務手続き

6章 派遣事業を始めるときの許可の受け方・届出のしかた

7章 有料職業紹介事業を始めるときの許可の受け方・届出のしかた

8章 正社員採用につながる「紹介予定派遣」の活用のしかた

カバーデザイン◎水野敬一

本文ＤＴＰ＆図版＆イラスト◎伊藤加寿美（一企画）

1 章

「労働者派遣」の雇用形態はどうなっているの？

労働者派遣の
しくみについて
理解しておきましょう。

1-1

「労働者派遣」を活用することのメリット・デメリット

労働者派遣活用のメリット

「**労働者派遣**」を端的にいうと、労働者派遣会社（**派遣元**）と雇用関係にある派遣スタッフを、派遣される会社（**派遣先**）に就業させることをいいます。その場合、派遣先は、派遣労働者に対し仕事の指示（**指揮命令**）を行ない、給与の支払いや社会保険の手続き等は、派遣元が行なうことになります。

労働者派遣という雇用形態を採用することで、派遣先会社は、①**必要なときに**、②**必要な期間**、③**必要な人材を**タイムリーに受け入れることが可能となり、業務効率や生産性を上げるメリットがあります。

また、**労務コストの軽減**という側面からも、メリットは小さくありません。スタッフの募集・採用や雇入れ後の教育訓練、あるいは派遣スタッフの給与の支払い手続き、社会保険料の負担などは、すべて派遣元が行なうので、派遣先会社としては、煩わしい雑務から解放されるとともにコストセーブが期待できます。

労働者派遣活用のデメリット

逆に、労働者派遣活用のデメリットとしては、自前の社員ではないため会社に対する忠誠心が希薄で、チームワークで成果を出すような社風の派遣先会社では馴染みにくい場合がある、ということがあげられます。

また、派遣スタッフは原則として決められた仕事だけに従事することとなるため、ちょっとした頼みごとがしづらく、正規社員との意思疎通がスムーズにいかないケースもあります。

さらにいうと、社内機密や情報が外部に漏れてしまうリスクもないわけではありません。

したがって、人材派遣を活用する際には、労務コストと外部スタッフの活用リスクのバランスを考慮する必要があるといえます。

◎派遣先会社からみたメリット・デメリット◎

メリット

業務効率、生産性のアップ

▶必要なときに

- 繁忙期だけ人材が必要
- プロジェクトの遂行時だけ人材が必要
- 突然の退職者が生じた際の欠員補充

▶必要な期間

- 短期間だけ人材が必要
- プロジェクトの期間だけ必要
- 育児休業中の社員が復帰するまでの代替要員

▶必要な人材を

- スペシャリスト
- 一定のスキルをもった人材
- 接客マナーが行き届いた人材

労務コストの軽減

- 募集・採用コストの軽減
- 教育訓練コストの軽減
- 社会保険料等の軽減

デメリット

- 会社に対する忠誠心が希薄
- 決まった仕事ばかりに従事
- 正社員との意思疎通が困難
- 社内機密の漏えいのおそれ

1-2
「労働者派遣事業」の雇用形態はどうなっている？

「労働者派遣事業」とは

「労働者派遣事業」とは、派遣元会社が雇用している派遣労働者を、実際に仕事に従事する派遣先会社に派遣する形態をいいます。一般的な１対１の雇用契約関係と異なり、派遣労働者と、雇用契約を締結する派遣元会社と、派遣労働者の派遣を受け実際に指揮命令する派遣先会社の３社間による雇用契約関係であり、特殊な働き方なのです。

ここでの最大のポイントは、**派遣先会社が派遣労働者に対して、指揮命令を行なう**ことにあります。派遣労働者からすると、雇用されている会社（派遣元）とは異なる会社（派遣先）の指揮命令を受けながら、派遣先会社のために働くことになります。

厚生労働大臣の許可が必要

労働者派遣事業は、法律の趣旨に沿って適正に運営され、派遣労働者の保護と雇用の安定が確保される必要があるため、厚生労働大臣の許可を得なければなりません。この許可要件などについては、６章で説明します。

派遣労働者とは

さて、労働者派遣事業について確認しましたが、「**派遣労働者**」とはどのような労働者なのか、改めて確認しておきましょう。

派遣労働者とは、**派遣元会社が雇用する労働者で、労働者派遣の対象となる人**のことです。

派遣労働者は、派遣元会社に現に雇用されている状態にある人ということになりますので、いわゆる「登録型」の労働者派遣事業に登録しているだけで、雇用されていない人は派遣労働者ではありません。

ただし、登録中の人であっても、労働者派遣法の規制の対象となるものもありますので、しっかり確認しましょう。

◎労働者派遣事業のしくみ◎

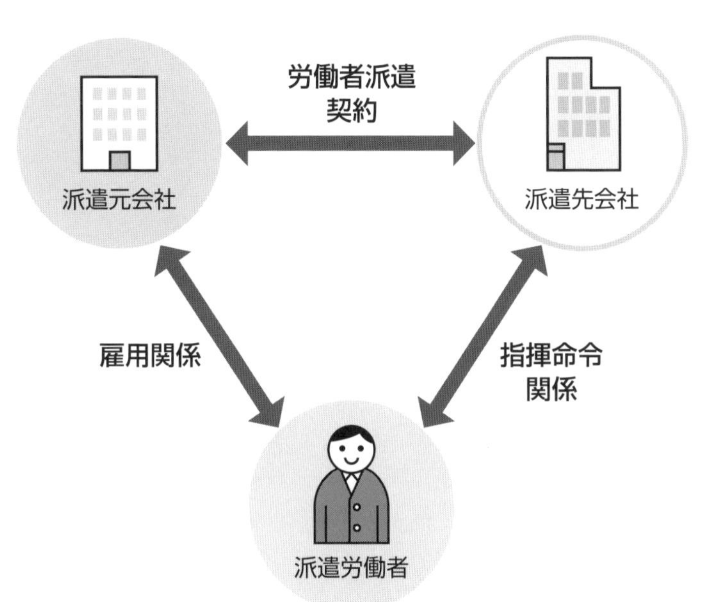

派遣元、派遣先それぞれの役割

- 労働者と労働契約を結ぶ…派遣元（雇用主）
- 賃金を支払う…派遣元
- 社会保険・労働保険の手続き…派遣元
- 勤務先…**派遣先**
- 仕事上の指揮命令…**派遣先**
- 年次有給休暇の付与…派遣元
- 休業の際に休業手当を支払う…派遣元

1-3

「請負事業」は労働者派遣事業とどこが違うの？

注文主と労働者との間に指揮命令関係はあるか

「**請負**（うけおい）」とは、当事者の一方がある仕事を完成させることを約束し、相手側がその仕事の結果に対して報酬を支払うことをいいます。

たとえば、大工さんに屋根の修繕を依頼した場合、それが完成して引き渡すことに対して報酬を支払うことを約束するのが「**請負契約**」です。つまり、労働した時間について報酬を支払うのではなく、屋根の修繕工事の完成そのものについて報酬が発生することになります。

この請負事業と労働者派遣事業との最大の違いは、注文主と労働者との間における指揮命令関係の有無です。指揮命令関係がなければ請負事業、関係があれば労働者派遣事業ということになります。

偽装請負は早急に対策が必要

以前から、労働法の適用や社会保険料負担などを逃れるために、契約上は請負という形態をとりつつも実態は労働者派遣事業である、いわゆる「**偽装**（ぎそう）**請負**」が大きな社会問題となっていました。

請負の形態をとりながらも注文者が指揮命令をしているような場合は、「どの会社もやっている」といった旧来の慣例は通用しないことを自覚し、自社の労働者として直接雇用するか、労働者派遣事業として契約をし直すか、のいずれかの対策を早期に講じる必要があります。

こうした請負と派遣の判断基準について、厚生労働省では、「労働者派遣事業と請負により行われる事業との区分に関する基準」（昭和61年労働省告示第37号）という通達を出しています。判断に迷うときは、チェックしてみるとよいでしょう。

なお、労働者派遣法の適用を免れる目的で、「偽装請負」つまり実態としては労働者派遣であるにもかかわらず、請負の名目で契約を締結し、労務の提供を受けた場合は、違法派遣として「労働契約申込みみなし制度」（☞94ページ）の対象になるので十分に留意してください。

◎請負事業と偽装請負の違い◎

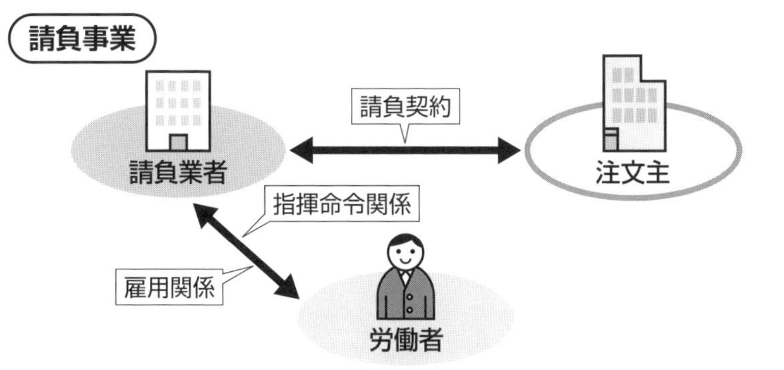

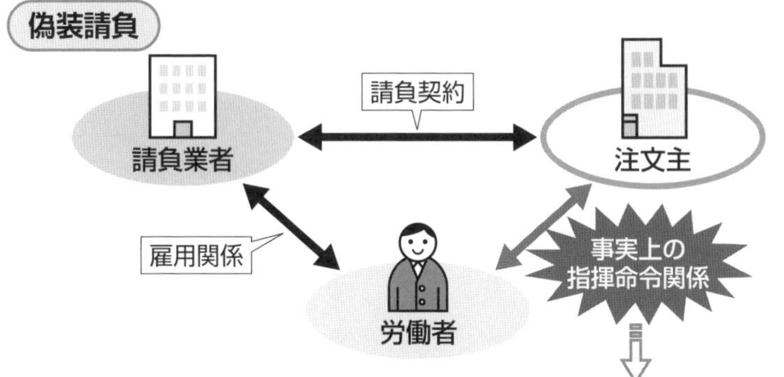

形式上、請負契約でも、実態は労働者派遣事業

派遣と請負の判断基準

- 業務遂行方法に関する指示を行なっているか？
- 労働者の労働時間等に関する指示を行なっているか？
- 企業秩序の維持・確保等に関する指示を行なっているか？
- 業務に必要な資金を自らの責任において調達・支弁しているか？
- 業務について民法・会社法その他の法律に規定された事業主責任は果たしているか？
- 単なる肉体的な労働力の提供ではないか？

すべて該当しなければ適正な「請負」

1-4
労働者供給事業と在籍出向のしくみとは？

「労働者供給事業」とはどんな雇用形態か

「**労働者供給事業**」とは、「供給契約に基づいて労働者を他人の指揮命令を受けて労働に従事させること」と定義されています（職業安定法第４条７項）。

労働者派遣事業と労働者供給事業は混同されがちですが、労働者供給事業の特徴は、供給元（派遣元）と労働者との間に雇用関係がなく支配関係があること、もしくは、供給先（派遣先）と労働者との間に雇用関係があることです。

「在籍出向」とは

労働者供給事業と似たような形態として「**在籍出向**（しゅっこう）」というものがあります。在籍出向とは、出向元との雇用関係を維持しながら出向契約を結んでいる別の会社で労働者を勤務させることをいいます。在籍出向が行なわれる背景には、①雇用機会の確保、②経営・技術指導、③職業能力開発、④企業グループ内の人事交流などがあり、主に大企業を中心に行なわれています。

この在籍出向と労働者供給事業との相違点は、**報酬の支払いの有無**にあります。在籍出向は、原則として無償か賃金相当額の支払いにとどまるのに対して、労働者供給事業は本来、業として報酬を得ることが目的とされています。

昨今では、「偽装請負」のみならず「**偽装出向**」という形態まで出現しています。派遣元の社員を派遣先に「出向」させ、労働者派遣事業の形式を逃れようとするものです。

これは、業として報酬を得ることを目的としている点で、在籍出向とは異なり、禁止されている労働者供給事業に当たり、職業安定法違反となります。

◎労働者供給事業のしくみと疑似雇用形態◎

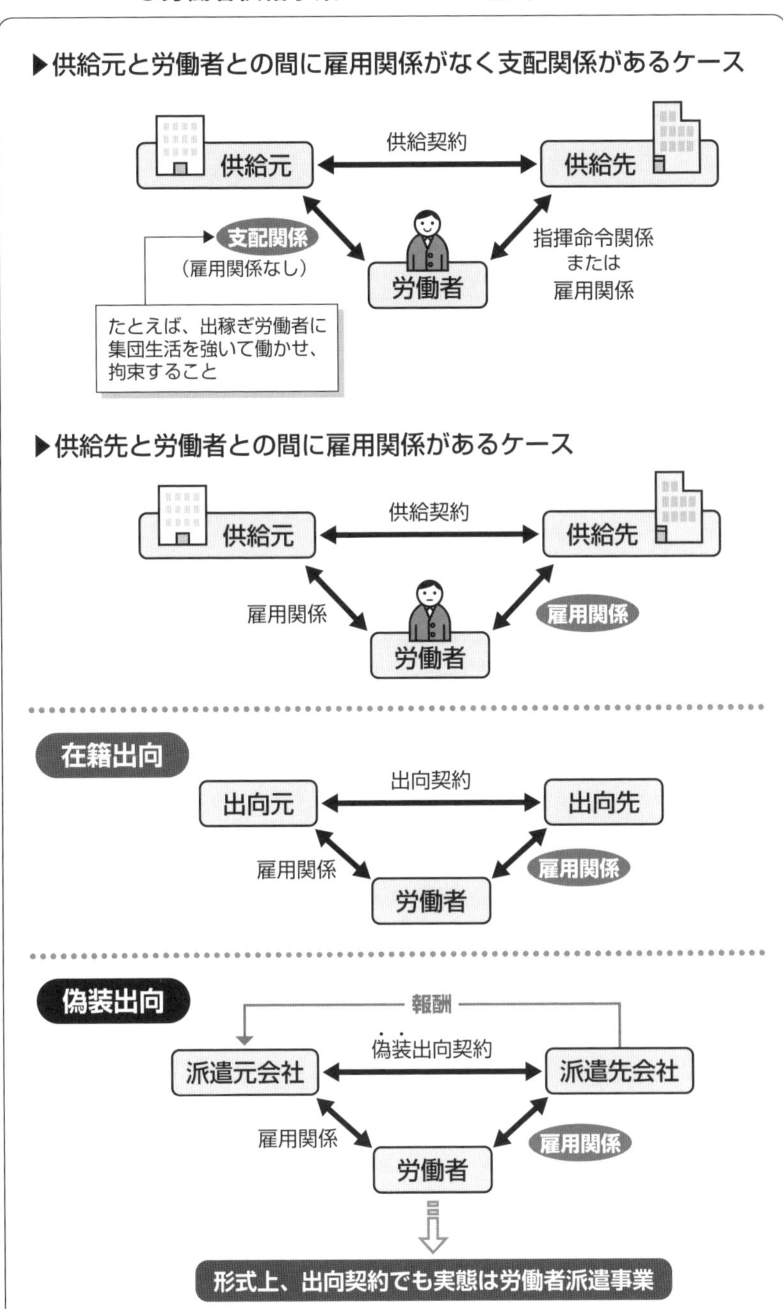

1-5

「日雇い派遣」は原則として禁止されている

日雇い派遣とは

日々または30日以内の期間を定めて雇用する労働者（日雇労働者）を派遣すること、つまり「**日雇い派遣**」は、必要な雇用管理がなされず、労働者保護が果たされないなどといった課題が指摘され、原則として禁止されています。

ただし、雇用契約期間が31日である場合には、派遣契約の期間が30日以内であったとしても、日雇い派遣の禁止に違反するものではありませんので、日々異なる会社に派遣することも可能です。

日雇い派遣が認められる場合とは

大きく分けて、以下の２つの場合には、日雇い派遣の禁止の例外として認められます。

①**労働者派遣の対象となる日雇労働者の適正な雇用管理に支障を及ぼすおそれがないと認められる業務**（労働者派遣法施行令第４条１項各号に掲げる業務）

この場合は、その業務を迅速かつ的確に遂行するために専門的な知識、技術または経験を必要とする業務のうち、労働者派遣により日雇労働者を従事させても適正な雇用管理に支障を及ぼすおそれがないと認められる業務であり、右ページ図の業務が該当します。

②**雇用の機会の確保が特に困難であると認められる労働者の雇用の継続等を図るために必要であると認められる場合**

この②の場合は、以下の人が対象となります。

- 60歳以上である場合
- 雇用保険の適用を受けない昼間学生である場合
- 500万円以上の年収があり、副業として従事する場合
- 本人が「主たる生計者以外の者」であって、生計を一にする家族の世帯年収が500万円である場合（たとえば主婦など）

◎日雇い派遣の原則禁止の例外として認められる業務◎

①情報処理システム開発関係
②機械設計関係
③機器操作関係
④通訳、翻訳、速記関係
⑤秘書関係
⑥ファイリング関係
⑦調査関係
⑧財務関係
⑨貿易関係
⑩デモンストレーション関係
⑪添乗関係
⑫受付・案内関係
⑬研究開発関係
⑭事業の実施体制の企画、立案関係
⑮書籍等の制作・編集関係
⑯広告デザイン関係
⑰ＯＡインストラクション関係
⑱セールスエンジニアの営業、金融商品の営業関係

左ページの②の要件に該当するか否かの確認は、住民票、健康保険証、運転免許証、学生証、本人または家族の所得証明書・源泉徴収票の写し等の書類によって行なうことが必要です。ただし、やむを得ない場合には、誓約書の提出によることでも差し支えありません。

1-6

「職業紹介事業」のしくみと事業の種類

民営の職業紹介事業には２種類ある

「**職業紹介**」とは、「求人及び求職の申込みを受け、求人者と求職者との間における雇用関係の成立をあっせんすること」と定義されています（職業安定法第４条１項）。

この職業紹介を業として行なうものを「**職業紹介事業**」といい、求職者からの求職申込みを受理してから、紹介を経て就職に至るまでの一連のプロセスの一切を指すものです。

この職業紹介事業には、無料でセーフティネットとしての役割を果たしている公共職業安定所（ハローワーク）の職業紹介事業がよく知られていますが、その他に、活力と創意工夫を活かし、労働力需給調整の役割を果たしている民間の職業紹介事業もあります。

民営の職業紹介事業は、次の２種類に大別されます。

①有料職業紹介事業

有料職業紹介事業とは、職業紹介に関し手数料または報酬を受けて行なう職業紹介事業をいいます。これは、求職者に紹介してはいけないものとされている職業（具体的には、港湾運送業務に就く職業および建設業務に就く職業がこれに当たります）以外の職業について、厚生労働大臣の許可を受けることによって行なうことができます。

②無料職業紹介事業

無料職業紹介事業とは、職業紹介に関し、いかなる名義でも手数料または報酬を受けないで行なう職業紹介事業をいいます。

無料職業紹介事業を一般の会社が行なう場合には、厚生労働大臣の許可を受ける必要があります。また、学校教育法第１条の規定による学校、専修学校等の施設の長が行なう場合、商工会議所等特別の法律により設立された法人であって厚生労働省令で定めるものが行なう場合、さらには地方公共団体が行なう場合には、厚生労働大臣に届け出ることにより、無料職業紹介事業を行なうことができます。

◎職業紹介事業のしくみ◎

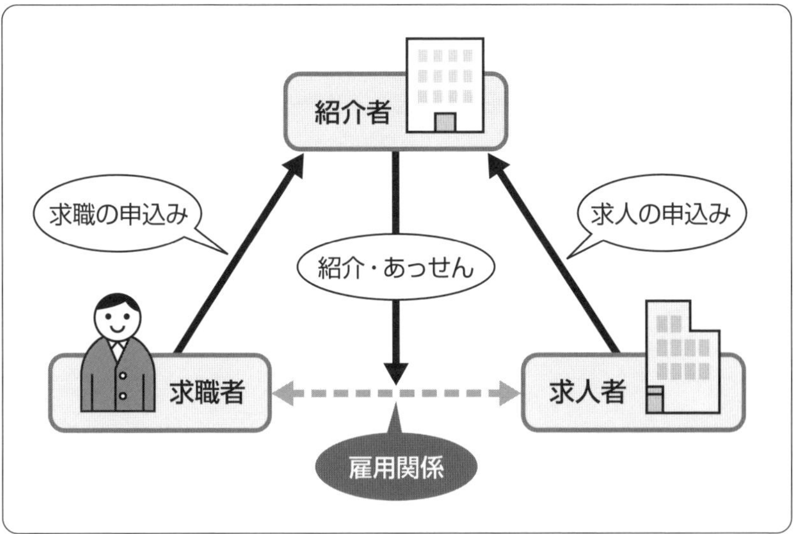

◎職業紹介事業の種類◎

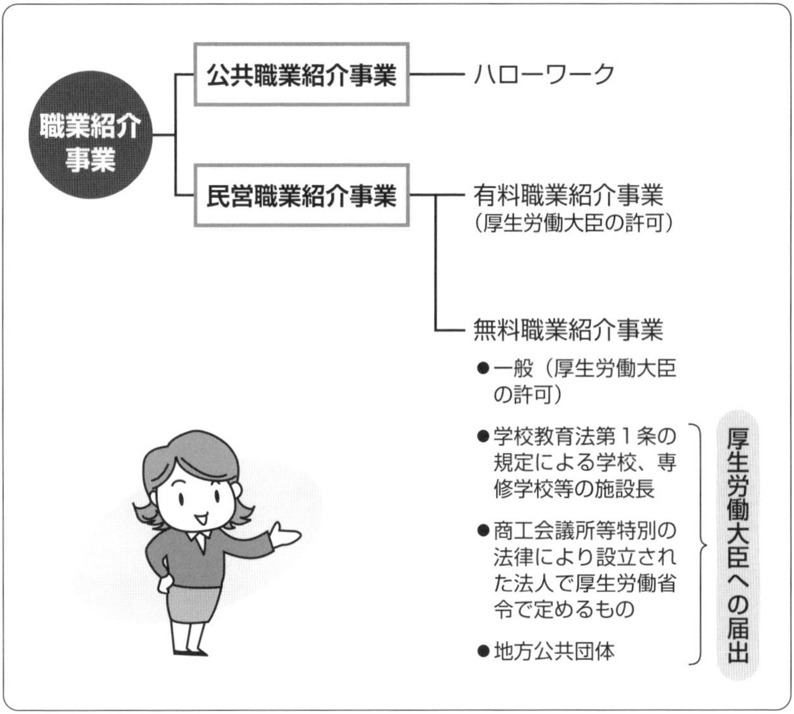

- 職業紹介事業
  - 公共職業紹介事業 ―― ハローワーク
  - 民営職業紹介事業
    - 有料職業紹介事業（厚生労働大臣の許可）
    - 無料職業紹介事業
      - ●一般（厚生労働大臣の許可）
      - ●学校教育法第１条の規定による学校、専修学校等の施設長
      - ●商工会議所等特別の法律により設立された法人で厚生労働省令で定めるもの
      - ●地方公共団体

（学校等の施設長・商工会議所等・地方公共団体：厚生労働大臣への届出）

ストレスチェック制度の実施

労働安全衛生法の定めにより、常時50人以上の労働者を使用する事業場は、「**ストレスチェック制度**」を整備する義務があります（常時雇用する労働者が50人未満の事業場は、当分の間、努力義務とされています）。

ストレスチェックとは、ストレスに関する質問票（選択回答）に労働者が記入し、それを集計・分析することで、自分のストレスがどのような状態にあるのかを調べる検査です。

ストレスチェック制度の概要は以下のとおりです。

①事業主は１年に１回以内「心理的な負担の程度を把握するための検査」を実施

（※） 労働者の同意を得たうえで、検査を実施した医師・保健師等は結果を事業主に通知

②労働者の希望を受け、事業主が医師による面接指導を実施

③事業主は面接指導の結果を受け、講ずべき措置について医師の意見を聴取

④事業主は、医師の意見を勘案し、就業場所の変更、作業の転換、労働時間の短縮等の措置を検討・実施

ストレスチェックおよびその後の各種措置の実施義務は、労働者派遣事業も負いますので、派遣元会社のみなさんは漏れなく実施するよう注意しましょう。

また、派遣先においても、派遣労働者に対して、集団分析を目的とするストレスチェックを実施し、職場環境の改善を図ることが望ましいとされています。

2章

こんな労働者派遣事業はやってはいけない

禁止業務や禁止行為を
知っておきましょう。

2-1

法律で禁止されている派遣事業とは

禁止業務は法律で列挙されている

労働者派遣法が昭和61年に施行されてから平成11年までは、労働者派遣は一定の業務に限り許されていました。

しかし、ＩＬＯ（国際労働機関）などの国際的な機関が自由化を求めてきたことで、それまで法律で「許される業務」(ポジティブリスト)を列挙していたものを、労働者が不当な取扱いを受けるようなトラブルが懸念される「**禁止業務**」(ネガティブリスト）を列挙する形へと変更し、その結果、労働者派遣の対象となる業務は拡大しました。

現在、労働者派遣ができるのは、港湾運送業務、建設業務、警備業務、医療関係の業務など、右ページに掲げる禁止業務以外の業務とされています。

違反行為にはペナルティが課せられる

これらの禁止業務については、労働者派遣事業を行なってはいけないことになっており、もし、これに違反して派遣事業を行なうと、1年以下の懲役または100万円以下の罰金が課せられることになります。さらに、許可の取消し、事業停止命令、改善命令の対象にもなり、司法処分を受けた場合は、事業廃止命令の対象となります。

また、派遣を受け入れた側には、企業名公表などのペナルティが課せられてしまうので要注意です。

知っとコラム

ＩＬＯとは

労働条件の改善を通じて、完全雇用、労使協調、社会保障等の推進などを目的とする国際機関として唯一の政府・労働者・使用者の三者構成機関。世界のすべての人に、人間らしい働きがいのある仕事を実現するため、国際労働基準の設定・監視、雇用機会の増進や基本的人権を確保するための国際的な政策・計画の策定、技術協力、教育・調査などの活動を展開しており、日本もこのＩＬＯに加盟しています。

◎労働者派遣が禁止されている業務◎

1 港湾運送業務 …… 船内荷役、はしけ運送、沿岸荷役、いかだ運送等

2 建設業務 …… 土木、建築その他工作物の建設、改造、保存、修理、変更、破壊、解体の作業、またはこれらの準備の作業

建設現場事務所の事務、施工管理業務は、禁止されていません。

3 警備業務

4 医療関係の業務 …… 医師、歯科医師、保健師、助産師、看護師、准看護師、管理栄養士、薬剤師、歯科技工士、歯科衛生士、臨床検査技師、理学療法士、作業療法士等の業務

（紹介予定派遣、社会福祉施設への派遣等を除く）

5 人事労務管理関係のうち、派遣先において団体交渉または労働基準法に規定する協定の締結などのための労使協議の際に使用者側の直接当事者として行なう業務

6 弁護士、外国法事務弁護士、司法書士、土地家屋調査士、公認会計士、税理士、弁理士、社会保険労務士、行政書士の業務

（一定の条件で行なわれる場合を除く）

7 建築士事務所の管理建築士の業務

2-2

事前面接や履歴書の事前送付はやってはいけない!?

派遣元は派遣労働者の特定行為に協力してはいけない

派遣元は、紹介予定派遣の場合を除き、派遣先による派遣労働者の特定を目的とする行為に協力してはならない(「派遣元事業主が講ずべき措置に関する指針」)とされています。

「特定を目的とする行為」への「協力」とは、派遣先からの派遣労働者の指名に応じることだけでなく、たとえば、派遣先への履歴書の送付や、派遣先による派遣労働者の事前面接への協力といった、派遣労働者の特定を目的とする行為も含まれます。

ただし、これは、あくまでも個々の派遣労働者の特定につながる行為を禁止する趣旨ですので、一定の技術や技能の水準を特定することは、禁止対象の行為ではありません。派遣先において必要とされる技術・技能の水準が明確な場合には、派遣労働者の技術・技能レベル(取得資格等)と技術・技能に係る経験年数のみを記載したスキルシートを提供することは可能です。

派遣労働者が自主的に行なえば事前特定行為ではない

労働者派遣に先立って面接すること、派遣先に対して派遣労働者の履歴書を送付させることなど、「**派遣労働者を特定することを目的とする行為を行なわない**」という原則が、労働者派遣の大前提です。

しかし、派遣労働者または派遣労働者となろうとする者が、自らの判断のもとに派遣就業開始前の事業所を訪問したり、履歴書を送付したり、または派遣就業期間中に履歴書を送付することは、派遣先によって派遣労働者を特定することを目的とする行為が行なわれたことには該当しないものとされています。

つまり、労働者が自主的に派遣先を訪問したり、履歴書を送付することは、事前特定行為にあたらないということですが、派遣先が直接・間接的にこれを求めれば、当然に禁止された事前特定行為となります。

◎事前面接や履歴書の事前送付の取扱い◎

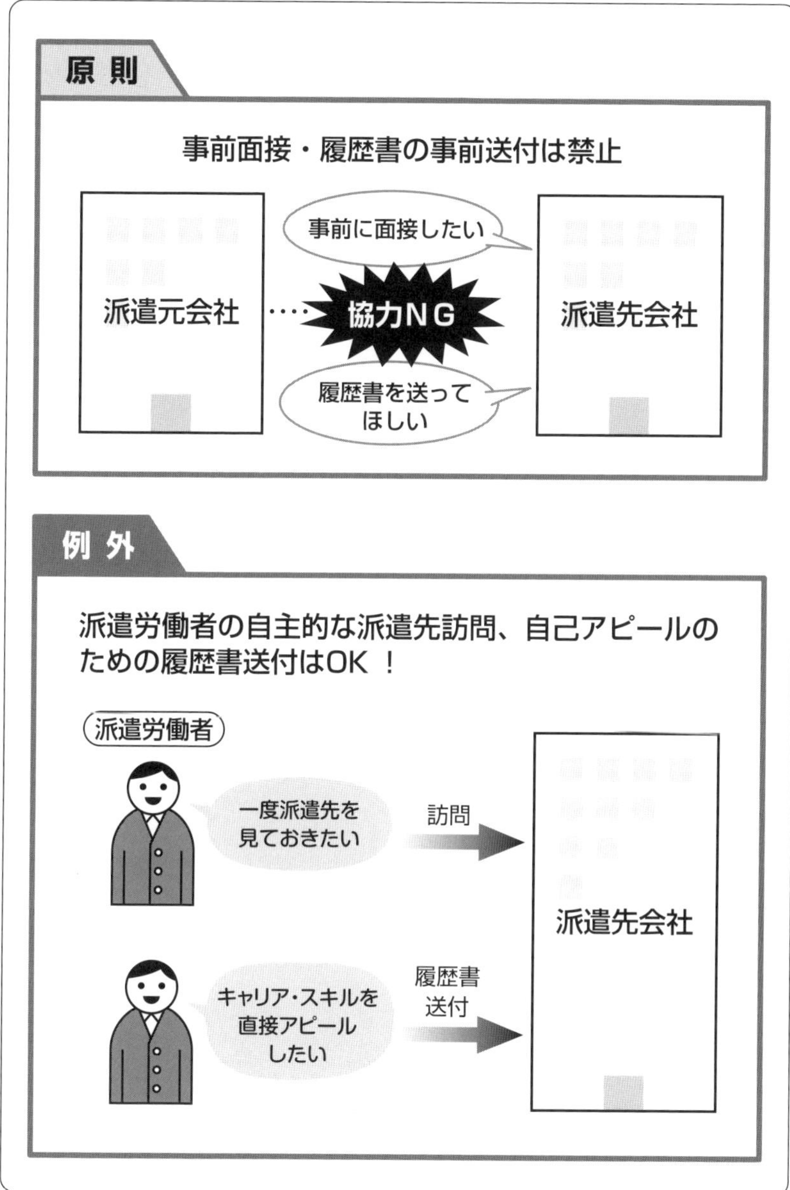

形式を利用して、脱法的に事前面接等の行為を行なうことは厳に慎む必要があるわけです。

2-3

「専ら派遣」は禁止されている

どんな場合に「専ら派遣」と判断されるのか

「専ら派遣」とは、派遣労働者の派遣先を特定の会社に限定する行為のことをいい、この行為は労働者派遣法で禁止されています。

派遣労働者の派遣先が特定の会社に事実上限定されたり、派遣労働者にとっての選択幅が著しく限定されたりすることを認めてしまうと、たとえば、子会社として労働者派遣会社を設立し、親会社は登録された派遣労働者を必要に応じて子会社から供給させることが可能となってしまい、正社員を雇用するという動機づけを喪失させてしまうことになりかねません。

「専ら派遣」とみなされる判断基準は、次のとおりです。

①定款、寄附行為、登記事項証明書等に事業の目的が専ら派遣である旨の記載等が行なわれている場合

②派遣先の確保のための努力が客観的に認められない場合

(不特定の者を対象とした派遣先の確保のための宣伝、広告などを正当な理由なく随時行なっていない場合)

③労働者派遣を受けようとする者からの依頼に関し、特定の者以外からのものについては、正当な理由なくすべて拒否している場合

※ただし、不特定の者に対して行なうことを目的として事業運営を行なっていながら、結果として、特定の者に対してしか、労働者派遣をすることができなかったときは、専ら派遣とはみなされません。

「専ら派遣」と認められる場合、厚生労働大臣は、事業目的および運営の方法を変更するように、派遣元事業主に勧告することができます。ただし、派遣元が雇用する派遣労働者で60歳以上の者、かつ他の

◎「専ら派遣」のしくみと取扱い◎

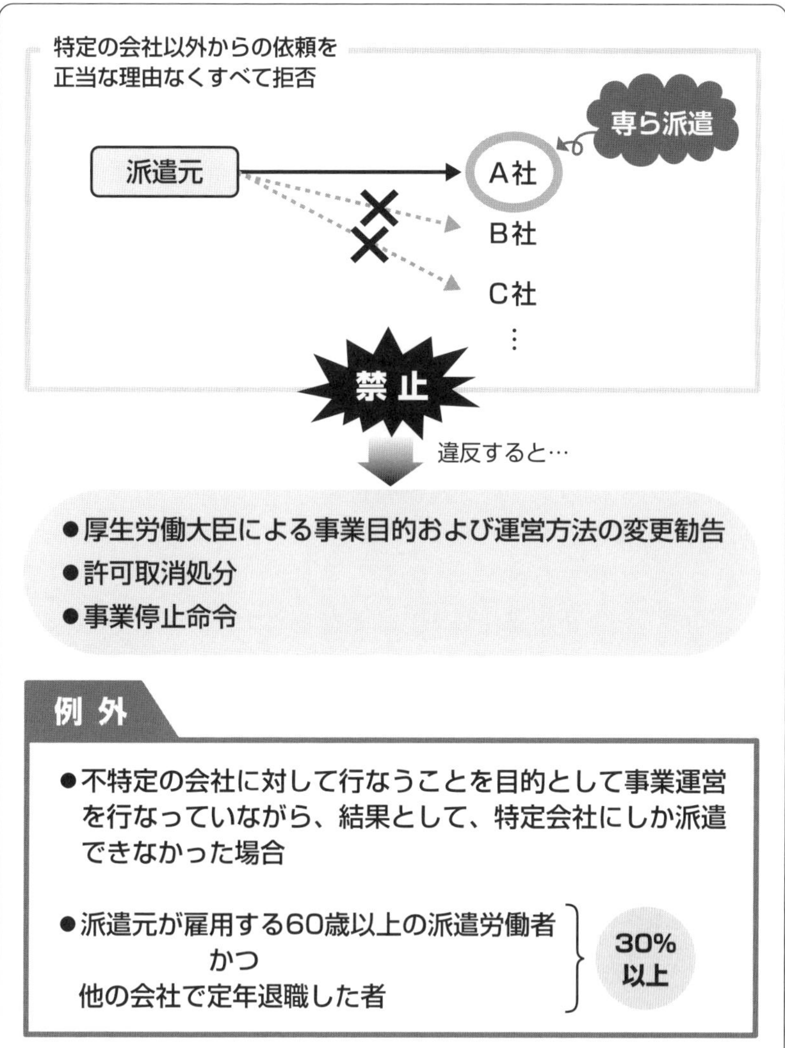

特定の会社以外からの依頼を
正当な理由なくすべて拒否
専ら派遣
派遣元
A社
B社
C社
禁止
違反すると…
●厚生労働大臣による事業目的および運営方法の変更勧告
●許可取消処分
●事業停止命令
例外
●不特定の会社に対して行なうことを目的として事業運営を行なっていながら、結果として、特定会社にしか派遣できなかった場合
●派遣元が雇用する60歳以上の派遣労働者
かつ
他の会社で定年退職した者
30%以上

事業主の事業所を60歳以上の定年により退職した後に雇い入れられた者が30%以上である場合は、勧告の対象にはなりません。

「専ら派遣」の禁止は、派遣事業の許可要件なので、これに違反していると認められた場合は、許可取消処分または事業停止命令を受けることになってしまいます。

2-4

「二重派遣」は禁止されている

「二重派遣」となるのはどんなケースか

労働者派遣法が認めている労働者派遣事業は、あくまでも「自己の雇用する労働者」を派遣することに限定されています。しかし、次のようなケースでは、禁止されているいわゆる「**二重派遣**」とみなされてしまいます（☞右ページ図を参照）。

①派遣元Ｘ社が、派遣労働者Ａを派遣先Ｙ社に派遣し、派遣先Ｙ社はさらに派遣先Ｚ社へ派遣するケース
②派遣元Ｘ社は派遣先Ｚ社より仕事を受け、労働者派遣契約を締結したにもかかわらず、対応可能な派遣労働者を持ち合わせていなかったために外注先として派遣元Ｙ社へ仕事を丸投げし、派遣元Ｙ社は派遣労働者Ｂを派遣先Ｚ社に派遣するケース

①のケースでは、派遣先Ｙ社と派遣労働者Ａとの間に雇用関係がないにもかかわらず、別の派遣先Ｚ社へ派遣しています。

一方、②のケースでは、派遣元Ｘ社と派遣労働者Ｂとの間に雇用関係がないにもかかわらず、別の派遣先Ｚ社へ派遣されています。

派遣元と雇用関係にない派遣労働者を派遣先へ派遣した場合は、職業安定法で原則的に禁止されている労働者供給事業にあたり、違法となって罰せられることになります。

なお、①のケースでＹ社とＺ社の間が請負契約であった場合には、派遣労働者Ａを請負先であるＺ社で就労させたとしても、二重派遣とはなりません（☞一番下の図参照）。ただし、「請負か派遣か」という判断は厳格に行なうべきで、ややもするといわゆる偽装請負とみなされかねないので、判断基準に従って正しい運用を心がけたいところです。

◎「二重派遣」とみなされる場合とは◎

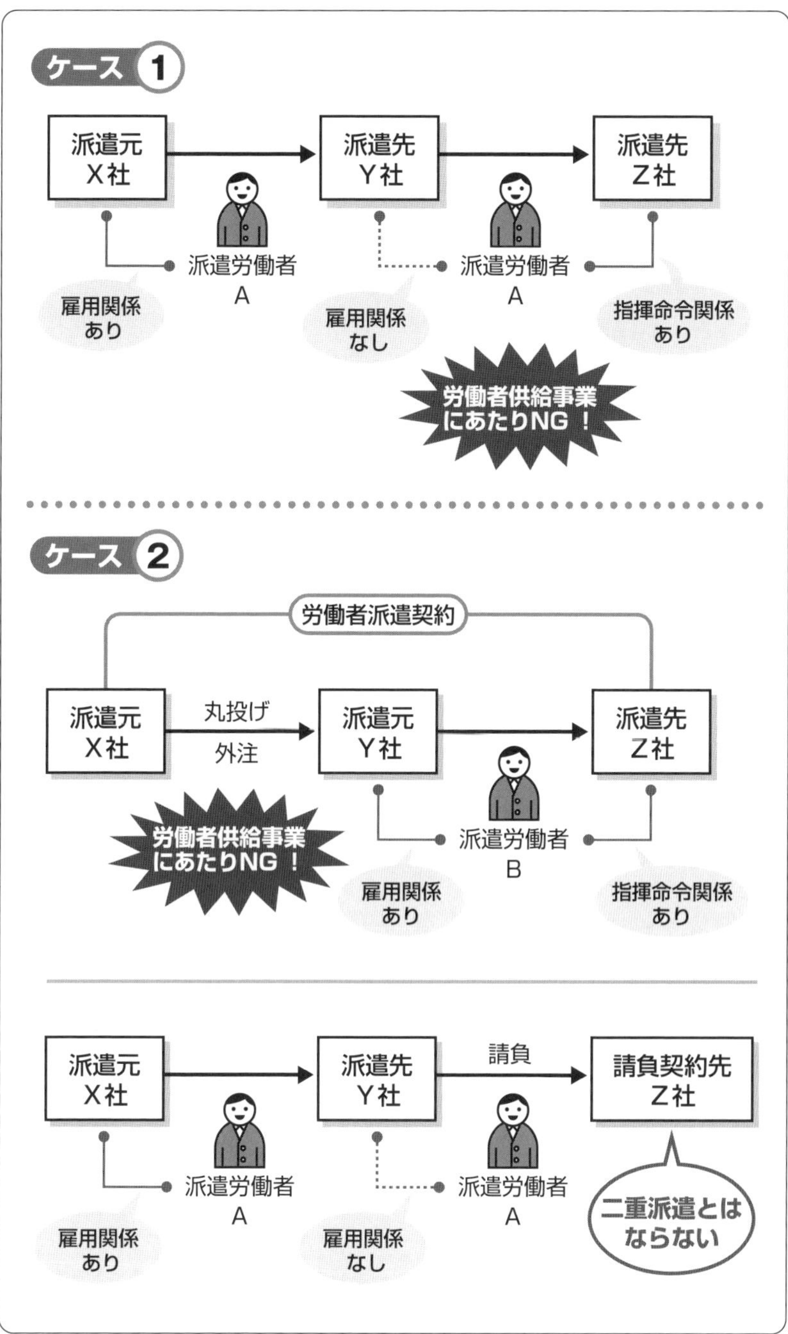

2-5

労働法に違反したときの行政処分・勧告・罰金

派遣元が違反したときのペナルティ

労働者派遣事業の派遣元が、労働者派遣法をはじめとする労働法に違反した場合には、厚生労働大臣から派遣元に対して、雇用管理の方法の改善、その他事業の運営を改善するために必要な措置を講ずるよう命じられることがあります。

そのうち、労働者派遣事業の派遣元が以下のいずれかに該当したときは、厚生労働大臣により許可を取り消される場合があります。また、②あるいは③に該当した場合は、期間を定めて派遣事業の全部または一部の停止を命じられることがあります。

①許可の欠格事由のいずれかに該当しているとき

②労働者派遣法もしくは職業安定法の規定、またはこれらの規定にもとづく命令もしくは処分に違反したとき

③許可の条件に違反したとき

④関係派遣先への派遣割合の報告を行なわず、または派遣割合制限に違反し、厚生労働大臣による指示が行なわれたにもかかわらず、なお是正されないとき

派遣先が違反したときのペナルティ

派遣先会社においても、一定の処分が課せられます。

たとえば、派遣禁止業務に派遣労働者を就労させた場合や、許可等を受けていない派遣元会社から派遣労働者を受け入れた場合など、労働者派遣法の規定に違反したり、行政による指導または助言があったにもかかわらず、なお、違法行為を行なう恐れがあると認められるときは、勧告および公表の対象となります。

労働者派遣法の各規定に違反した場合の罰則をまとめると、右ページ表のようになります。

◎労働者派遣法に違反した場合の罰則一覧◎

30万円以下の罰金	労働者派遣事業の許可または許可の有効期間の更新の申請書、事業計画書等の書類に虚偽の記載をして提出した者
	労働者派遣事業の氏名等の変更の届出をせず、または虚偽の届出をした者
	労働者派遣事業を行なう事業所の新設に係る変更届出の際、事業計画書等の添付書類に虚偽の記載をして提出した者
	労働者派遣事業の廃止の届出をせず、または虚偽の届出をした者
	海外派遣の届出をせず、または虚偽の届出をした者
	労働者派遣をしようとする場合に、あらかじめ、派遣労働者に就業条件等の明示を行なわなかった者
	労働者派遣をするとき、派遣労働者の氏名等を派遣先に通知せず、または虚偽の通知をした者
	派遣先の事業所等ごとの業務について派遣可能期間の制限に抵触することとなる最初の日以降継続して労働者派遣を行なった者
	派遣先の事業所等における組織単位ごとの業務について、３年を超える期間継続して同一の派遣労働者に係る労働者派遣を行なった者
	派遣元責任者を選任しなかった者
	派遣元管理台帳を作成もしくは記載せず、またはそれを３年間保存しなかった者
	派遣先責任者を選任しなかった者
	派遣先管理台帳を作成もしくは記載せず、それを３年間保存せず、またはその記載事項を派遣元事業主に通知しなかった者
	必要な報告をせず、または虚偽の報告をした者
	関係職員の立入検査に際し、立入りもしくは検査を拒み、妨げ、もしくは忌避し、または質問に対して答弁せず、もしくは虚偽の陳述をした者
６月以下の懲役または30万円以下の罰金	派遣労働者に係る雇用管理の方法の改善その他労働者派遣事業の運営を改善するために必要な措置を講ずべき旨の厚生労働大臣の命令（改善命令）に違反した者
	継続させることが著しく不適当であると認められる派遣就業に係る労働者派遣契約による労働者派遣を停止する旨の厚生労働大臣の命令に違反した者
	法またはこれにもとづく命令の規定に違反する事実がある場合において、派遣労働者がその事実を厚生労働大臣に申告したことを理由として、派遣労働者に対して解雇その他不利益な取扱いをした者
１年以下の懲役または100万円以下の罰金	適用除外業務について、労働者派遣事業を行なった者
	厚生労働大臣の許可を受けないで労働者派遣事業を行なった者
	偽りその他不正の行為により労働者派遣事業の許可を受けた者
	偽りその他不正の行為により労働者派遣事業の許可の有効期間の更新を受けた者
	期間を定めた労働者派遣事業の全部または一部の停止についての厚生労働大臣の命令に違反した者
	派遣元事業主の名義をもって、他人に労働者派遣事業を行なわせた者
１年以上10年以下の懲役または20万円以上300万円以下の罰金	公衆衛生または公衆道徳上有害な業務に就かせる目的で労働者派遣をした者
	法人の代表者または法人もしくは人の代理人、使用人その他の従業者が、その法人または人の義務に関して、第58条から第61条までの違反行為をしたときは、その法人または人に対しても、各々の罰金刑を科す

知っとコラム

優良派遣事業者認定制度とは

「**優良派遣事業者認定制度**」とは、法令を遵守しているだけでなく、派遣労働者のキャリア形成支援やよりよい労働環境の確保、派遣先でのトラブル予防など、派遣労働者と派遣先の双方に安心できるサービスを提供できているかどうかについて、一定の基準を満たした派遣元事業主を「優良派遣事業者」として認定する制度です。

派遣元が優良な事業者であると認定されることで、派遣労働者や派遣先は信頼性のある派遣元を選択できるなど、派遣元・派遣先・派遣労働者それぞれにメリットがあります（下図参照）。

この制度では、認定を受けようとする派遣元からの申請を受けて、厚生労働省から委託を受けた認定機関により指定された審査機関（「指定審査機関」）が認定基準に沿った取り組みの実施状況について審査し、認定します。

なお、優良派遣事業者の認定を受けようとする派遣元は、「優良派遣事業者行動指針」に沿った事業運営を実施していることを、広く周知していることが求められます。

◎優良派遣事業者認定制度のメリット◎

【優良派遣事業者（派遣元）】

- 社会的信用や業界全体の意識向上
- コンプライアンス意識の強化
- 適切な雇用管理体制の継続
- 悪質事業者を排除した健全な競争の実現

【派遣先】

- 優良な派遣元の選定
- 派遣元への信頼性の向上
- 優秀な人材の獲得
- コンプライアンス意識の強化

【派遣労働者】

- 安全、安心な派遣元の選択
- 希望するキャリアの実現
- 適切な評価や処遇の確保
- 主体的な能力開発意欲の向上

3章

労働者派遣を
開始するとき・終了するときの
実務知識

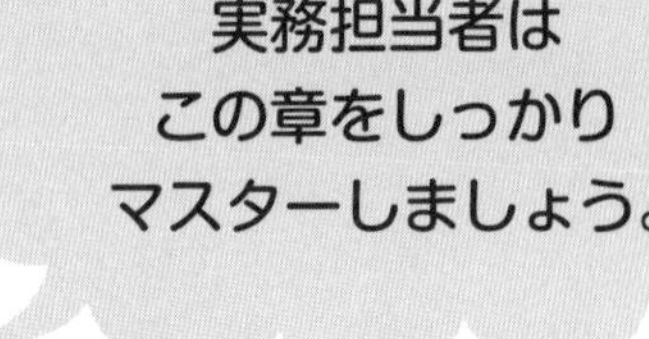
実務担当者は
この章をしっかり
マスターしましょう。

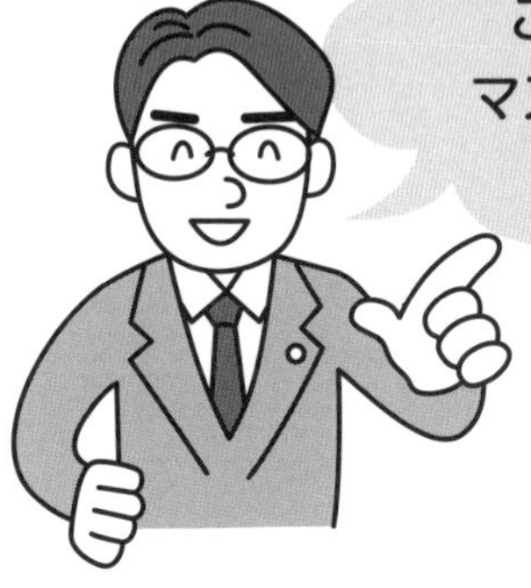

3-1

派遣先事業所単位の「期間制限」とは

派遣労働者の受入れは原則として３年が上限

派遣労働者は、その雇用の安定やキャリア形成が図られにくい面があるため、派遣労働は原則として、**臨時的・一時的な働き方**と位置づけられています。

この原則のもとに、派遣労働者の望まない固定化や派遣先の正社員と派遣労働者との代替を防止するため、派遣先の同一の事業所に対し有期の派遣労働者を派遣できるのは、**原則３年までとする期間制限**があります。あまり派遣期間を長く認めてしまうと、正社員よりも派遣労働者を採用するほうが、人件費の軽減を図ることができる、雇用の調整も比較的しやすいなど、労務リスクを回避できるために正社員の職域が侵害されていく恐れがあるからです。

この期間制限は、原則として３年が上限ですが、**派遣先に元々雇用されている労働者の過半数で組織される労働組合や過半数代表者の意見聴取を行なえば、期間を延長することが可能**です。

ここでいう事業所とは、雇用保険法等雇用関係法令における概念と同じものとされており、出張所などで規模が小さく、１つの事業所という程度の独立性がないものについては、上位の組織と包括して１つの事業所として取り扱うことになっています。

また、３年という期間については、３年までの間に派遣労働者が他の派遣労働者と交替したり、別の派遣会社との新たな派遣契約にもとづいて労働者派遣を受け入れた場合でも、派遣可能期間の起算日は変わりません。したがって、派遣可能期間の途中から就労しはじめた派遣労働者が、その事業所で就労できる期間は、原則として、**その事業所単位の派遣可能期間の終了まで**となります。

さらに、派遣先事業所で３年間派遣を受け入れた後、派遣可能期間の延長手続きを回避することを目的として、労働者派遣の受入れを一定期間中断する、いわゆる「**クーリング期間**」を空けて派遣の受入れ

◎労働者派遣の期間制限のしくみ◎

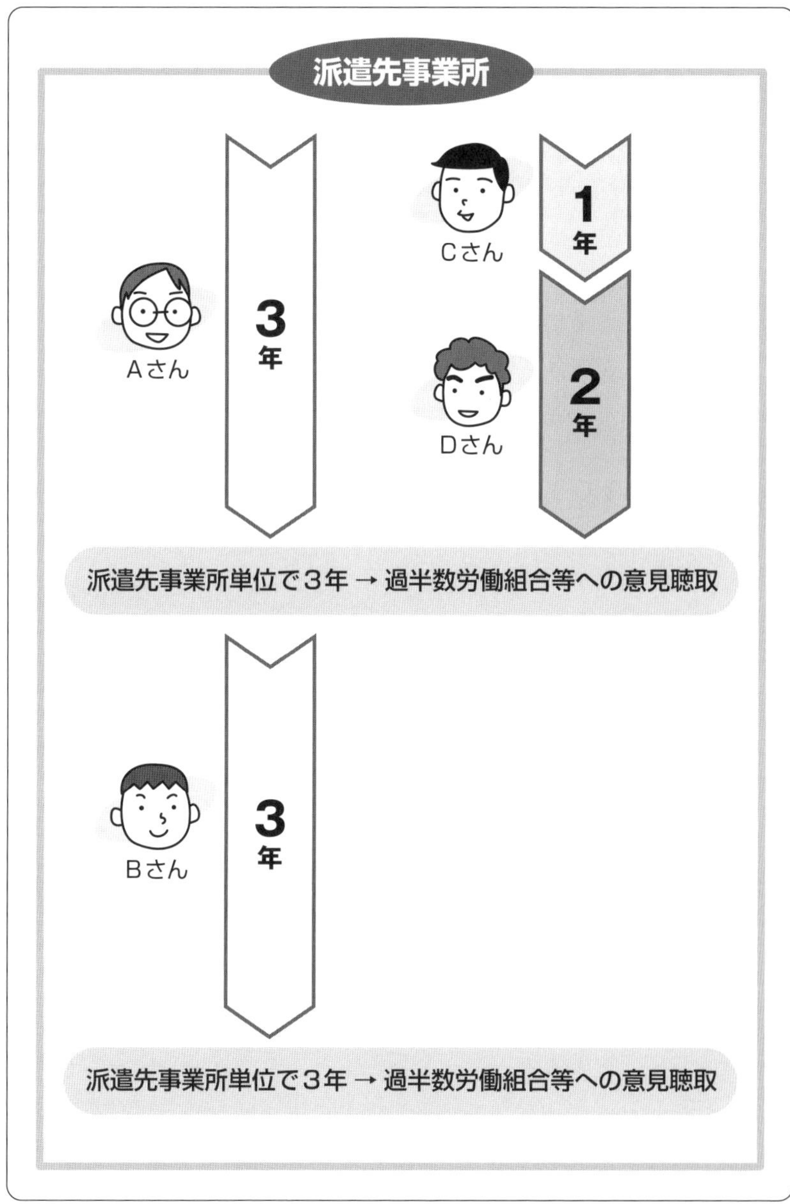

を再開するような、実質的に派遣の受入れを継続する行為は、法の趣旨に反するものとして指導等の対象となります。

3-2 過半数労働組合等への意見聴取の手続き

過半数労働組合等から意見聴取する際のルール

派遣先において、事業所単位の３年の派遣可能期間を延長しようとする場合は、派遣先で元々雇用されている労働者の過半数で組織される労働組合または過半数代表者から、**意見を聴く**必要があります。

したがって派遣先は、**延長しようとする派遣可能期間の終了の１か月前までに**、過半数労働組合等からの意見を聴きます。ただし、過半数労働組合等には十分な考慮期間を設けなければなりません。

また、派遣先が意見を聴く際は、延長しようとする期間などを**書面で通知**しなければなりません。そして、参考資料として、派遣労働者の受入れの開始以来の派遣労働者数や、派遣先の正規労働者数の推移等の情報を提供します。なお、過半数労働組合等が希望する場合は、部署ごとの派遣労働者の数や個々の派遣労働者の受入期間などの情報を提供することが望まれます。

派遣先は、意見を聴いた後、その意見を聴いた日および内容などを書面に記載し、**延長しようとする派遣可能期間の終了後３年間保存**し、また**事業所の労働者に周知**する必要があります。

【対応方針の説明】

意見を聴いた結果、過半数労働組合等から異議があった場合には、派遣先は派遣可能期間の延長の理由および延長の期間、対応方針を説明する義務があります。これは、派遣労働者の受入れを一律に制限するのではなく、現場の実情をよく把握している労使の判断に委ねるためのもので、労使が互いの意見を尊重し、実質的な話し合いが行なわれることが期待され、派遣先は、意見聴取や対応方針等の説明を誠実に行なうよう努めなければなりません。

また、派遣先は、説明した日および内容などを書面に記載し、延長しようとする派遣可能期間の終了後３年間保存し、また事業所の労働者に周知しなければなりません。

◎過半数労働組合等からの意見聴取の流れ◎

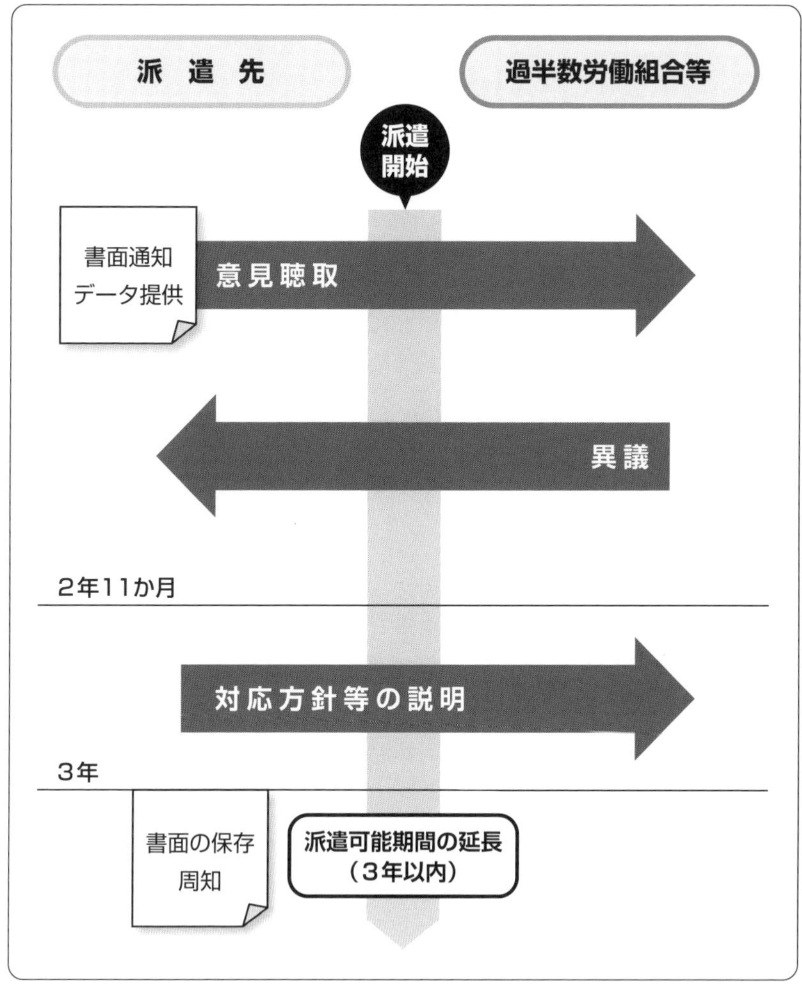

【派遣可能期間の再延長など】

派遣可能期間を延長できるのは3年間までです。延長した派遣可能期間を再延長しようとする場合は、改めて過半数労働組合等から意見を聴く必要があります。

また、最初に派遣労働者を受け入れる際には、派遣先は、過半数労働組合等に受入れの方針を説明することが望まれます。

3-3

派遣労働者個人単位の「期間制限」とは

同一の組織への派遣期間は３年が上限

派遣労働は臨時的・一時的な働き方であるとの考え方、また、派遣労働者が望んでいないにもかかわらず派遣就業に固定化されることを防止する観点から、特に雇用が不安定になりがちな有期雇用の派遣労働者については、個人単位で課などの**同一の組織単位における派遣期間は３年まで**と制限されています。

これは、有期雇用の派遣労働者について、節目節目でキャリアを見つめ直し、キャリアアップの機会とすることで、派遣労働への固定化を防止するためのものです。

ここでいう組織単位とは、派遣先のいわゆる「課」や「グループ」など、**業務としての類似性や関連性がある組織**であり、かつその**組織の長が業務の配分や労務管理上の指揮監督権限を有する**ものとして、実態に即して判断されるものをいいます。

組織単位を変えれば、同一の事業所に、引き続き同一の派遣労働者を（３年を限度として）派遣することができますが、**事業所単位の期間制限による派遣可能期間が延長されていることが前提**となります（この場合でも、派遣先は同一の派遣労働者を指名するなどの特定目的行為を行なわないようにする必要があります）。

なお、派遣労働者の従事する業務が変わっても、同一の組織単位内である場合は、派遣期間は通算されます。

また、同一の派遣労働者について、労働者派遣の終了後、３か月を超える期間（いわゆる「**クーリング期間**」）が空いていれば、再び同一の派遣労働者を同一の組織単位に派遣することができます。

しかし、本人が希望しないにもかかわらず、「クーリング期間」を空けて再びその組織単位の業務に派遣することは、派遣労働者のキャリアアップの観点から望ましくありません。

◎派遣労働者個人単位の期間制限のしくみ◎

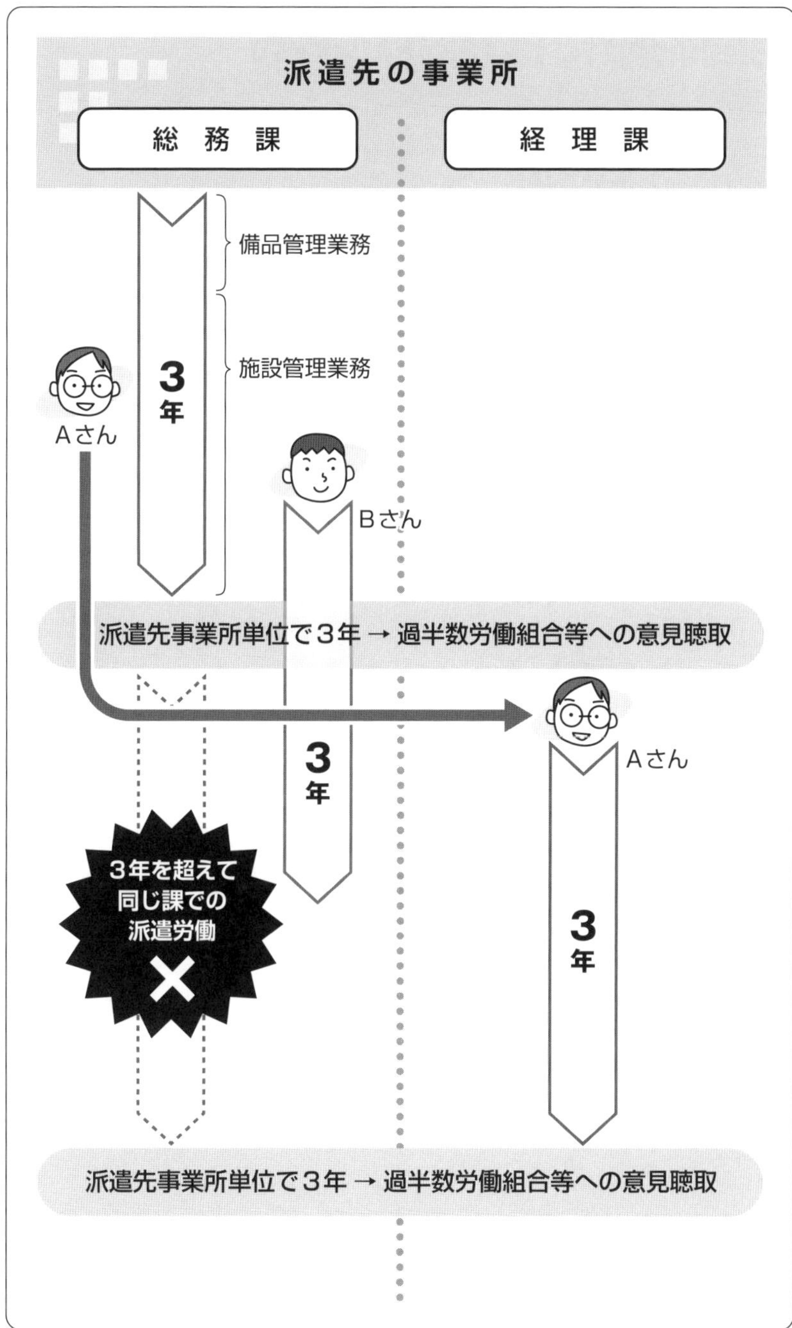

3-4

期間制限には例外がある

期間制限の例外とは

派遣可能期間は、事業所単位および個人単位で制限されますが、次の①から⑥の場合には、例外として、期間制限はかかりません。つまり、派遣可能期間の制限なく、労働者派遣をすることができるのです。

①派遣労働者が派遣元に無期雇用されている場合

②派遣労働者が60歳以上である場合

③終期が明確な有期プロジェクト業務（事業の開始、転換、拡大、縮小または廃止のための業務で、一定期間内に完了することが予定されているもの）である場合

例：完成期日に制限がある情報処理システムの開発、各種プラント工事など

④日数限定業務（1か月の所定労働日数が、派遣先の正社員の半分以下かつ10日以下であるもの）である場合

例：書店の棚卸し業務、土日のみに行なわれる住宅展示場のコンパニオンの業務など

⑤産前産後休業、育児休業を取得する労働者の業務である場合

⑥介護休業を取得する労働者の業務である場合

なお、⑤および⑥については、休業に入る前に派遣労働者に対して引継ぎを行なうことや、休業を終え復帰した労働者に引継ぎを行なうことは、⑤、⑥の場合に含めることができます。

◎時間制限の例外◎

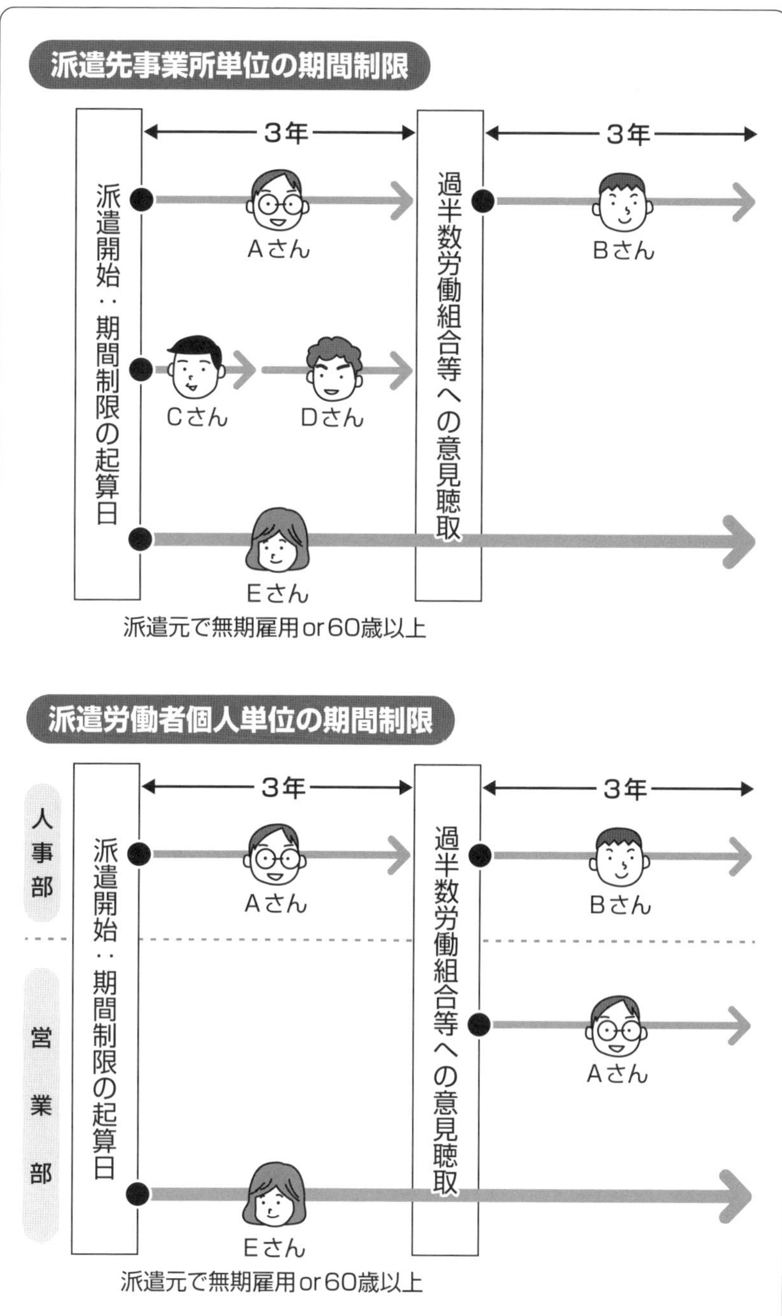
派遣先事業所単位の期間制限
3年
3年
派遣開始：期間制限の起算日
過半数労働組合等への意見聴取
Aさん
Bさん
Cさん
Dさん
Eさん
派遣元で無期雇用or60歳以上
派遣労働者個人単位の期間制限
3年
3年
人事部
営業部
派遣開始：期間制限の起算日
過半数労働組合等への意見聴取
Aさん
Bさん
Aさん
Eさん
派遣元で無期雇用or60歳以上

3-5

派遣元と派遣先で交わす「労働者派遣契約」とは

基本契約と個別契約がある

労働者派遣事業を行なうにあたっては、まず、派遣元が派遣先に対して労働者を派遣し、派遣先は受け入れた労働者を指揮命令下において業務に従事させ、その対価として料金を派遣元に支払う、という契約を締結することになります。これを「**労働者派遣契約**」といいます。

派遣業務では、トラブルが起こるリスクがつきものです。労働者派遣契約は、そうした問題解決のよりどころとなる大切な約束事だといえます。

労働者派遣契約は、「基本契約」と「個別契約」に大別され、基本契約を結んだうえで、派遣案件が発生するつど個別契約を締結することが一般的です。

①基本契約

労働者派遣を行なう際の根拠となる契約で、民法上の「契約自由の原則」により、原則として派遣元と派遣先の間で決められる契約内容は自由です。一般的には、派遣元が主導で作成し、派遣先に提示されます。そのため、派遣元の都合が優先されてつくられる傾向にあるので、派遣労働者を受け入れる派遣先としては、面倒でも各条項をしっかりと確認し、認められない事項については派遣元と協議する必要があるでしょう。

②個別契約

派遣を行なうごとに締結する個別の派遣契約で、派遣労働者の就労に直接影響を及ぼすことから、「契約自由の原則」は労働者派遣法や労働基準法など法令の規制を受けることになり、その契約内容も、労働者派遣法の定めによって記載事項が決められています。

なお、これまで個別契約は書面により作成することとされていましたが、書面保存の負担が大きいことから、現在では電磁的記録により作成することも認められています。

◎労働者派遣契約のしくみ◎

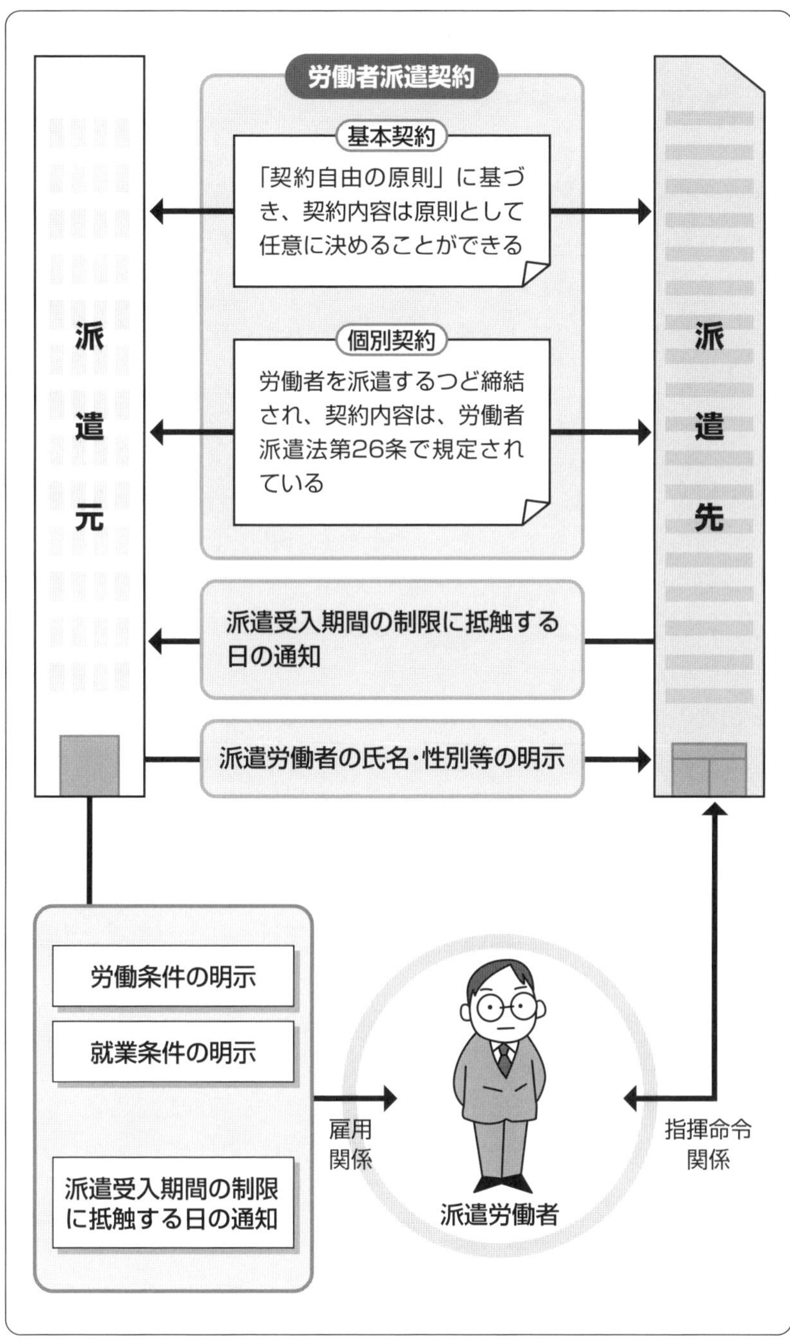
派遣元
派遣先
労働者派遣契約
基本契約
「契約自由の原則」に基づき、契約内容は原則として任意に決めることができる
個別契約
労働者を派遣するつど締結され、契約内容は、労働者派遣法第26条で規定されている
派遣受入期間の制限に抵触する日の通知
派遣労働者の氏名・性別等の明示
労働条件の明示
就業条件の明示
派遣受入期間の制限に抵触する日の通知
雇用関係
指揮命令関係
派遣労働者

3-6

労働者派遣基本契約書のつくり方と記載事項

基本契約書に織り込むべき契約内容とは

労働者派遣法第26条の規定によって記載が義務づけられる事項については、労働者を派遣するつど交わす個別契約に記載することになるので、**基本契約書**については、それ以外の事項について任意に規定することになります。たとえば、派遣労働者を交替してほしい要望についてや、派遣料金の金額、契約内容が不履行となった場合の損害賠償責任など、がそれにあたります。

基本契約の内容は、契約自由の原則に従って、派遣元と派遣先が自由に決めることができますが、一般的に結ばれる主な契約内容は次のような事項です（基本契約書の**モデル例**☞52ページ以降参照）。

①契約の目的
②個別の派遣契約への委任事項と適用範囲
③派遣料金の決定・計算・支払いに関する事項
④派遣就業に伴う必要経費の負担に関する事項
⑤派遣元の遵守事項、および努力義務
⑥派遣先の遵守事項、および努力義務
⑦契約当事者の一方に契約違反（債務不履行）があった場合の損害賠償責任
⑧派遣元責任者と派遣先責任者に関する事項
⑨派遣労働者の遵守事項
⑩派遣労働者の休暇取得と代替者派遣に関する原則的な取扱い
⑪派遣労働者交代要請に関する原則的な取扱い
⑫基本契約の解除、および個別の派遣契約の解除に関する事項
⑬基本契約の有効期間、および契約更新に関する事項
⑭その他、契約当事者間における特約事項

◎基本契約の締結は必須◎

派遣先

どうしたものか？

派遣料金は？

必要経費の負担は？

損害賠償責任は？

派遣労働者の交替は？

契約の中途解除は？

契約の更新方法は？

決めておかないと
後々トラブルに
なるなぁ

労働者派遣基本契約

◎「労働者派遣に関する基本契約書」のモデル例◎

労働者派遣に関する基本契約書

（派遣先）株式会社ＨＲプラス（以下「甲」という）と（派遣元）株式会社アニモ人材サービス（以下「乙」という）は、労働者派遣業務（以下「本業務」という）の基本事項に関して次のとおり契約する。

労働者派遣が目的であることを明記します。

（目的）

第１条　本契約は、乙が、「労働者派遣事業の適正な運営の確保及び派遣労働者の保護等に関する法律」（以下「労働者派遣法」という）および本契約に基づき、乙の雇用する労働者（以下「派遣労働者」という）を甲に派遣し、甲が派遣労働者を指揮命令して業務に従事させることを目的とする。

なお、本契約は、労働者派遣法第２条第４号に定める紹介予定派遣（労働者派遣のうち、派遣元事業主が、労働者派遣の役務の提供開始前または開始後に、派遣労働者および派遣先について、職業紹介を行ない、または職業紹介を行なうことを予定してするものをいう）にも適用する。

（総則）

第２条　甲および乙は、労働者派遣を行ない、もしくは労働者派遣を受け入れるにあたり、それぞれ労働者派遣法その他関係諸法令ならびに派遣先が講ずべき措置に関する指針および派遣元が講ずべき措置に関する指針を遵守する。

（適用範囲）

第３条　本契約に定める事項は、特に定めのない限り、本契約の有効期間中、甲乙間において別途締結する個別労働者派遣契約（以下「個別契約」という）について適用する。

具体的な契約内容は、契約のつど、個別契約書へ委任します。

（個別契約）

第４条　甲および乙は、乙が甲に労働者派遣を行なうつど、本契約に基づき個別契約を締結する。当該個別契約には、労働者派遣法の定めに基づき、派遣労働者の従事する業務内容、就業場所および組織単位、就業期間、その他の必要な事項について規定する。
2　乙が、甲に派遣する労働者は労使協定対象労働者とする。
3　紹介予定派遣を行なう場合には、同制度に必要な事項を第１項の個別契約に加え定めるものとする。

（派遣可能期間と抵触日の通知）
第５条　甲および乙は、派遣就業の場所ごとの業務について、派遣可能期間（３年間。ただし、意見聴取手続きを経て延長された場合は延長された期間をあわせた期間）を超えて、派遣労働者を受け入れまたは派遣してはならない。
2　甲は乙と個別契約を締結するにあたり、あらかじめ、乙に対し、派遣受入可能期間の制限に抵触することとなる最初の日（以下「抵触日」という）を書面の交付等により通知するものとする。
3　甲が、個別契約の締結後に、意見聴取手続きを経て派遣可能期間を延長した場合も、そのつど、乙に対して、同様の方法により抵触日の通知をするものとする。
4　労働者派遣法第40条の２第１項ただし書により、派遣可能期間の制限のない場合は、本条は適用しない。

（派遣料金）
第６条　甲は乙に対し、本契約に基づく労働者派遣の対価として個別契約に定める派遣料金を次の支払い条件で支払うものとする。
①労働基準法に定める１日８時間または１週40時間の法定労働時間を超える超過勤務時間および22時以降翌朝５時まで（以下「深夜」という）の勤務時間に関する派遣料金は次のとおり計算する。
超過勤務時間は25％の割増しとし、労働基準法に基づく法定休日勤務時間は35％の割増しとする。深夜の勤務時間は25％の割増しとする。また、超過勤務時間または法定休日勤務時間が深夜にかかる場合には、当該深夜の勤務時間についてはそれぞれの勤務時間ごとに定める割増率に25％を加算した割増率で派遣料金を計算する。また、１か月間の超過勤務時間が60時間を超えた場合は、25％加算した割増率で派遣料金を計算する。また、出張・外出に伴う移動時間に関する派遣料金については別途定める。

②派遣料金算定の際、円未満の端数が生じたときには、これを切り捨てとし、派遣料金に消費税および地方消費税率を乗じた際に円未満の端数が生じたときには、これを切り捨てるものとする。

③派遣料金の支払いは、乙が翌月10日までに前月分を甲に請求し、甲は翌月末日までに乙の指定する銀行口座に振り込む方法により支払うものとする。

④派遣料金は、契約期間中といえども経済情勢の著しい変動、業務内容の変更等があったときは、甲乙協議のうえ改定することができる。

⑤甲の従業員のストライキ、甲の休業、その他甲の責に帰すべき事由により、派遣労働者の業務遂行ができなくなった場合には、乙は債務不履行の責を負わず甲に派遣料金を請求することができる。

⑥派遣労働者の本業務への遅刻・欠勤等による不就労については、乙は、その時間分の派遣料金を甲に請求できない。

(規則の遵守)

第7条　乙の派遣労働者は、業務遂行のため甲の施設に入る場合には、甲の定める就業上の諸規則を遵守しなければならない。

(施設等の立ち入りおよび利用)

第8条　乙および乙の派遣労働者は、甲の施設立ち入りおよび利用については、甲所定の手続方法に従うものとする。

(派遣先責任者)

第9条　甲は、自己の雇用する労働者（法人の場合には役員を含む）の中から、事業所その他就業の場所ごとに派遣先責任者（物の製造業務派遣の場合には製造業務専門派遣先責任者を含む。以下同じ）を選任するものとする。

2　派遣先責任者は、派遣労働者を指揮命令する者に対して、個別契約に定める事項を遵守させるほか、適正な派遣就業確保のための措置を講じなければならない。

(派遣元責任者)

第10条　乙は、自己の雇用する労働者（法人の場合には役員を含む）の中から、事業所ごとに所定人数の派遣元責任者（物の製造業務派遣の場合には製造業務専門派遣元責任者を含む。以下同じ）を選任するものとする。

2　派遣元責任者は、派遣労働者の適正な就業確保のための措置を講じなければならない。

(指揮命令者)

第11条　甲は、自己の雇用する労働者（法人の場合には役員を含む）の中から、就業場所ごとに指揮命令者を選任するものとする。

2　指揮命令者は、業務の処理について、個別契約に定める事項を守って派遣労働者を指揮命令し、契約外の業務に従事させることのないよう留意し、派遣労働者が安全、正確かつ適切に業務を処理できるよう、業務処理の方法、その他必要な事項を派遣労働者に周知し指導する。

3　指揮命令者は、派遣労働者に対して、諸規則に定める事項を遵守させるほか、適正な派遣就業確保のため、教育、指導、研修実施のほか、必要な措置を実施することができるものとし、派遣元責任者はこれに協力するものとする。

(適正な就業条件の確保)

第12条　乙は、甲が派遣労働者に対し、個別契約に定める労働を行なわせることにより、労働基準法等の法令違反が生じないよう労働基準法等に定める時間外・休日労働協定、その他所定の法令上の手続等をとるとともに、適正な就業規則を定め、派遣労働者に対し適切な労務管理を行ない、甲の指揮命令等に従って職場の秩序・規律・秘密を守り、適正に業務に従事するよう派遣労働者を教育、指導しなければならない。

2　甲は、派遣労働者に対し、労働基準法等の諸法令ならびに本契約および個別契約に定める就業条件を守って派遣労働者を労働させるとともに、当該派遣就業が適正かつ円滑に行なわれるようにするため、セクシャルハラスメントおよびパワーハラスメントの防止等に配慮するとともに、診療所、給食設備等の施設で派遣労働者の利用が可能なものについては便宜の供与に努める。

3　甲は、乙が行なう派遣労働者の知識、技術、技能等の教育訓練および安全衛生教育ならびに派遣労働者の自主的な能力開発について可能な限り協力するほか、派遣労働者と同種の業務に従事する甲の労働者に対する教育訓練等については、派遣労働者もその対象とするよう必要に応じた教育訓練に係る便宜を図るよう努めなければならない。

4　乙は、派遣業務を円滑に遂行する上で有用な物品（たとえば安全衛生保護具など）の貸与や教育訓練の実施をはじめとする派遣労働者の福利厚生等の措置について、必要に応じ、甲に雇用され、派遣労働者と同種の業務に従事している労働者との均衡に配慮して、必要な就業上の措置を講ずるよう努めなければならない。

　また、甲は、乙の求めに応じ、派遣労働者と同種の業務に従事している労働者等の福利厚生等の実状を把握するために必要な情報を乙に提供する等の協力に努める。

5　甲の派遣労働者に対する派遣業務遂行上の指揮命令は、労働者派遣契約に定める甲の就業に関する指揮命令者が行なうものとし、当該指揮命令者の不在の場合の代行命令者についても、派遣労働者にあらかじめ明示しておくよう努めるものとする。

重責業務に就労する場合は、別途取り決めを行ないます。

（金銭の取扱い、自動車の使用その他特別な業務）

第13条　甲は、派遣労働者に現金、有価証券その他これに類する証券および貴重品の取扱いをさせ、あるいは車両を使用した業務などの特別な業務（以下では総じて「特別業務」という）に就労させてはならない。ただし、甲において、派遣労働者を特別業務に就労させる必要やむを得ない事由があり、かつ甲乙間で協議の上合意に至り、これに基づき覚書を締結した場合に限り、甲は、その合意の範囲内で派遣労働者を特別業務に就労させることができる。

派遣先による派遣労働者の事前特定行為は禁止されています（紹介予定派遣を除く）。

（派遣労働者の特定を目的とする行為の制限）

第14条　甲は、個別契約を締結するに際し、紹介予定派遣の場合を除き、派遣労働者を特定することを目的とする行為（受け入れる派遣労働者を選別するために行なう事前面接、履歴書の送付要請、若年者等への限定、性別の限定、派遣労働者の指名等）をしてはならない。また、乙は、これらの行為に協力してはならない。なお、派遣労働者または派遣労働者となろうとする者が、派遣就業を行なう派遣先として、適当であるかどうかを確認する等のため自らの判断のもとに派遣就業開始前の事業所訪問もしくは履歴書の送付または派遣期間中に派遣終了後の直接雇用を目的とした履歴書の送付を行なうことは、この限りではない。

（適正な労働者の派遣義務）

第15条　乙は、本契約の目的を達成するために必要な資格、能力、知識、技術、技能、健康、経験等があり、派遣就業の目的を達する適正な労働者を甲に派遣しなければならない。

派遣労働者の交代は、慎重に対応する必要があるので、キチンと明記しておきます。

（派遣労働者の交代等）

第16条　派遣労働者が就業するにあたり、遵守すべき甲の業務処理方法、就業規則等に従わない場合、または業務処理の能率が著しく低く労働者派遣の目的を達しない場合には、甲は乙にその理由を示し、派遣労働者への指導、または派遣労働者の交代等の適切な措置を要請することができる。

2　乙は前条の要請があった場合には、当該派遣労働者への指導、または派遣労働者の交代等の適切な措置を講ずるものとする。

3　派遣労働者の傷病、その他やむを得ない理由がある場合には、乙は甲に連絡して、派遣労働者を交代させることができる。

有休を取得しやすいように、派遣元・派遣先の双方が協力します。

（年次有給休暇）

第17条　乙は、派遣労働者から年次有給休暇の申請があった場合には、原則として、甲へ事前に通知するものとする。

2　乙は、派遣労働者の年次有給休暇の取得に協力するものとする。ただし、通知された日の取得が業務の正常な運営に支障をきたすときは、甲は乙にその具体的な事情を明示して、乙が当該派遣労働者に対し取得予定日を変更するよう依頼することまたは必要な代替者の派遣を要求することができる。

苦情への対応は、派遣先・派遣元間の連絡体制が大切です。

（苦情処理）

第18条　甲および乙は、派遣労働者からの苦情の申し出を受ける担当者を選任し、派遣労働者から申し出を受けた苦情の処理方法、甲乙間の連絡体制等を個別契約に定めるものとする。

2　甲および乙は、派遣労働者から苦情の申し出があった場合には、互いに協力して迅速な解決に努めなければならない。

3　前項により苦情を処理した場合には、甲および乙は、その結果について必ず派遣労働者に通知しなければならない。

派遣労働者の個人情報の開示・管理には注意を要します。

（派遣労働者の個人情報の保護）

第19条　乙が甲に提供することができる派遣労働者の個人情報は、労働者派遣法第35条の規定により派遣先に通知すべき事項のほか、当該派遣労働者の業務遂行能力に関する情報に限るものとする。ただし、利用目的を示して当該派遣労働者の同意を得た場合および紹介予定派遣において法令上許されている範囲または他の法律に定めのある場合は、この限りではない。

2　甲および乙は、業務上知り得た派遣労働者の個人情報を正当な理由なく第三者に漏えいしてはならない。

3　甲および乙は、自己の労働者に対し、前項の義務を遵守させなければならない。

派遣先で知り得た情報を他に漏らしてはなりません。

（秘密保持）

第20条　乙は、派遣業務の遂行により知り得た甲および甲の取引先その他関係先の業務上の秘密を第三者に開示、漏えいまたは不正に利用してはならない。

2　乙は、派遣業務の遂行により知り得た甲の役員・労働者等および取引先その他関係先の個人情報について第三者に開示、漏えいまたは不正に利用してはならない。

3　乙は、前二項により乙が負担する義務と同等の義務を乙の派遣労働者に課し、かつ、この義務を遵守させなければならない。本秘密保持義務は、本契約または個別契約終了後も存続する。

派遣労働者に対しても、当然に安全配慮義務が課されます。

（安全衛生等）

第21条　甲および乙は、派遣労働者の業務上災害、通勤災害については甲乙緊密な連絡を取り、協力の上適正迅速に処理するものとする。

2　甲および乙は、労働安全衛生法等に定める諸規定を遵守し、派遣労働者の安全衛生等の確保に努めるものとする。

3　乙は、労働安全衛生法に定める雇入れ時の安全衛生教育を行なった上、甲に派遣しなければならない。

4　乙は、派遣労働者に対し、必要に応じて雇入れ時の健康診断を行なうとともに、派遣就業に適する健康状態の労働者を甲に派遣しなければならない。

派遣先による、いわゆる「中抜き」が起こらないように確認します。

（雇用の禁止）

第22条　甲は、個別契約期間中は乙の派遣労働者を雇用してはならない。

2　紹介予定派遣ではない労働者派遣の個別契約期間中に、甲が当該派遣労働者を雇い入れようとする場合には、労働者派遣法第40条の５の場合を除き、甲、乙および派遣労働者の三者の合意の下、当該個別契約を解除し、新たに紹介予定派遣契約を締結することができるものとする。

（個別派遣契約期間満了の予告）

第23条　甲は、乙との個別契約の締結に際し、当該契約を更新する場合があり得るとした場合に、当該個別契約の更新を行なわないときには、個別契約の期間が満了する日の30日前までに、乙にその旨を通知するものとする。

派遣先と派遣労働者の双方に責任があるケースも散見されるので、損害賠償の負担割合を協議することも明記します。

（損害賠償）

第24条　甲または乙が本契約に違反し、相手方に損害を与えた場合、相手方に対してその損害を賠償する義務を負う。

2　派遣業務の遂行において、派遣労働者が本契約または個別契約に違反し、もしくは故意または重大な過失により甲に損害を与えた場合は、乙は甲に賠償責任を負うものとする。ただし、その損害が、甲が使用する者の派遣労働者に対する指揮命令等（必要な注意・指示をしなかった不作為を含む）により生じたと認められる場合は、この限りではない。

3　前項の場合において、その損害が派遣労働者と甲の使用する者との双方に起因するときは、甲乙協議して損害の負担割合を定めるものとする。

4　甲は、損害賠償請求に関しては、損害の発生を知った後、速やかに、乙に書面で通知するものとする。

（求人内容の周知義務）

第25条　甲は、同一の事業所において１年以上の期間継続して同一の派遣労働者の労働者派遣を受けている場合において、当該事業所に従事する通常の労働者の募集を行なうときは、業務の内容、賃金、労働時間その他の当該募集に関する事項を当該派遣労働者に周知しなければならない。

（災害補償）

第26条　本契約の遂行に当たり、乙の派遣労働者の業務上の災害補償は乙が行なうものとし、乙は、補償に必要な保険に加入しなければならない。

2　甲は、乙の行なう労災保険の申請手続等について必要な協力をしなければならない。

（権利・義務の譲渡）

第27条　甲および乙は、事前の書面等による相手方の同意を得ない限り、本契約により生じる権利および義務を第三者に譲渡し、または継承させてはならない。

合意解約が原則です。

（契約の解除）

第28条　甲または乙は、相手方が正当な理由なく労働者派遣法その他の関係法令または本契約もしくは個別契約の定めに違反した場合には、是正を催告し、相当な期間内に是正がないときは、契約の全部または一部を解除することができる。

2　甲乙いずれかにおいて次の各号の一に該当し、または本契約および個別契約を存続するに足る信頼関係を破壊する行為があったときには、その相手方は何ら催告することなく本契約および個別契約の全部もしくは一部を解除する。

①正当な理由なく公租公課を滞納して督促を受け、またはそのために差押を受けたとき。

②他の債務のため強制執行（仮差押を含む）を受け、または破産手続開始、民事再生手続開始、会社更生手続開始、特別清算手続開始、競売、その他これに準ずる裁判上の手続きの申立てまたは任意整理手続きがなされたとき。

③事業（業務）を停止もしくは廃止し、または事業譲渡、組織変更、解散、合併、資本の減少のいずれかの決議をしたとき。

④監督官公庁より、許可の取消、登録の取消、事業（業務）停止その他の処分を受けたとき。

⑤小切手または手形の不渡りを一回でも発生させたとき。

⑥甲が本契約に定める派遣料金の支払いを怠ったとき。

⑦前号を除く本契約または個別契約に基づく債務を履行せず、相手方から相当の期間を定めて催告を受けたにもかかわらず、なおその期間内に履行しないとき。

⑧財産状態が悪化する等、債務の履行を困難とする相当な事実があると相手方が認めたとき。

⑨その他前各号に準ずる行為があったとき。

3　前二項に定めるもののほか、甲または乙が本契約または個別契約を解除する場合は、相手方の合意を得ることを要する。

4　本条に基づく解除については、損害賠償の請求を妨げないものとする。

（契約の失効）

第29条　天災地変その他甲乙いずれかの責にも帰せられない事由により契約の継続が不可能になった場合は、契約は失効するものとする。

中途解除はトラブルのもととなるので、特に注意を要します。

（派遣契約の中途解除、派遣就業期間の短縮の特例）

第30条　甲は、もっぱら甲に起因する事由により、個別契約の契約期間が満了する前の解除を行なおうとする場合には、乙の合意を得ることはもとより、個別契約の解除を行なおうとする日の少なくとも30日前に、乙に解除の申入れを行なうこととする。

2　甲および乙は、労働者派遣契約の契約期間が満了する前に派遣労働者の責に帰すべき事由によらない労働者派遣契約の解除を行なった場合には、甲の関連会社での就業をあっせんする等により、当該労働者派遣契約に係る派遣労働者の新たな就業機会の確保を図ることとする。

3　甲は、甲の事業所の休業など甲の責に帰すべき事由により個別契約の契約期間が満了する前に個別契約の解除を行なおうとする場合には、派遣労働者の新たな就業機会の確保を図ることとし、これができないときには、少なくとも当該契約の解除に伴い乙が当該労働者派遣に係る派遣労働者を休業させること等を余儀なくされたことにより生じた損害の賠償を行なわなければならないこととする。たとえば、乙が当該派遣労働者を休業させる場合は休業手当に相当する額以上の額について、乙がやむを得ない事由により当該派遣労働者を解雇する場合は、甲による解除の申入れが相当の猶予期間をもって行なわれなかったことにより乙が解雇の予告をしないときは30日分以上、当該予告をした日から解雇の日までの期間が30日に満たないときは当該解雇の日の30日前の日から当該予告の日までの日数分以上の賃金に相当する額以上の額について、損害の賠償を行なわなければならないこととする。その他、甲は乙と十分に協議した上で適切な善後処理方策を講ずることとする。また、甲および乙の双方の責に帰すべき事由がある場合には、甲および乙のそれぞれの責に帰すべき部分の割合についても十分に考慮することとする。

4　甲は、個別契約の契約期間が満了する前に個別契約の解除を行なおうとする場合であって、乙から請求があったときは、個別契約の解除を行なった理由を乙に対し明らかにすることとする。

有効期間と契約更新の手続きは明確にしておく必要があります。

（有効期間）

第31条　本契約の有効期間は、契約締結日から１年間とする。ただし、本契約期間満了の１か月前までに、甲乙いずれからも契約終了の意思表示のない限り、本契約は同一の条件で１年間更新するものとし、以降も同様とする。

2　本契約が有効期間満了または解除により終了した場合といえども、すでに契約した個別契約については、別段の意思表示のない限り、当該個別契約で定める期間有効に存続するものとし、それに関しては本契約の定めるところによる。

（残存条項）
第32条　本契約第20条、24条、27条および34条の規定は本契約期間終了後もなお有効に存続するものとする。

（協議事項）
第33条　本契約に定めのない事項が生じた場合または本契約の条項の解釈に疑義が生じた場合は、甲乙両者はそのつど誠意をもって協議し、決定するものとする。

（紛争の処理）
第34条　前条の協議によってもなお本契約の履行についての紛争が円満に解決できない場合は、東京地方裁判所を第一審の専属的合意管轄裁判所として紛争を処理するものとする。

上記契約締結の証として、本契約書２通を作成し、甲乙記名捺印のうえ各１通を保有する。

２０△△年□□月△△日

甲：東京都新宿区霞ヶ丘町15－２
株式会社ＨＲプラス
代表取締役　遠藤　ちはる　事業主印

乙：東京都渋谷区神南３－８－12
株式会社アニモ人材サービス
代表取締役　佐藤　喜一　事業主印

（許可番号　派13－123456）

3-7

労働者派遣個別契約書のつくり方と記載事項

個別契約書に織り込むべき契約内容

労働者派遣契約の個別契約の内容は、労働者派遣法第26条および厚生労働省令によって規定されており、労働者派遣の実施および派遣労働者の就業条件にかかわる以下の事項を定める必要があります。その際、派遣労働者の人数についても記載することになります。

①派遣労働者が従事する業務の内容
②派遣労働者が従事する業務に伴う責任の程度
③派遣労働者が労働に従事する事業所の名称および所在地その他派遣就業の場所ならびに組織単位
④派遣労働者を直接指揮命令する者
⑤労働者派遣の期間・就業日
⑥派遣就業の開始および終了の時刻ならびに休憩時間
⑦安全および衛生に関する事項
⑧苦情処理に関する事項
⑨労働者派遣契約解除にあたり講ずる派遣労働者の雇用の安定を図るために必要な措置に関する事項
⑩紹介予定派遣の場合は、紹介予定派遣に関する事項
⑪派遣元責任者および派遣先責任者に関する事項
⑫休日労働または時間外労働をさせる場合は、休日労働をさせる日または時間外労働時間数
⑬派遣労働者の福祉の増進のための便宜の供与に関する事項
⑭派遣先が、派遣終了後に派遣労働者を雇用する場合に、その雇用意思を事前に派遣元に対し示すこと、派遣元が職業紹介を行なうことが可能な場合は紹介手数料を支払うこと、その他派遣終了後に労働者派遣契約の間の紛争を防止するために講ずる措置

⑮協定対象派遣労働者に限定するか否か
⑯派遣労働者を無期雇用に限定するか否か、60歳以上の者に限定するか否か
⑰派遣可能期間の制限を受けない業務にかかわる労働者派遣に関する事項

◎「労働者派遣個別契約書」のモデル例◎

労働者派遣個別契約書

20△△年□□月△△日

（派遣先）株式会社　ＨＲプラス　と（派遣元）株式会社　アニモ人材サービス　とは、20△△年□□月△△日付　労働者派遣に関する基本契約書に基づき、次の内容で労働者派遣契約を定める。

派遣先	名称	株式会社　ＨＲプラス
	所在地	東京都新宿区霞ヶ丘町15－2
	就業場所	株式会社　ＨＲプラス　本社　経理部経理課 （東京都新宿区霞ヶ丘町15－2　03－○○○○－××××）
	組織単位	経理部経理課（経理課長）
	指揮命令者	経理部経理課長　神藤　和博　様（03－○○○○－××××）
	派遣先責任者	総務部長　長野　由喜子　様（03－○○○○－××××）
	製造業務専門派遣先責任者	従事する業務が製造業務である場合は「製造業務専門派遣先責任者」を選任
派遣元責任者		マネージャー　前坂　伸枝　（03－○○○○－××××）
製造業務専門派遣元責任者		従事する業務が製造業務である場合は「製造業務専門派遣元責任者」を選任
業務内容		パーソナルコンピュータの操作による会計書類作成業務。この業務に従事するためには、１分間60ワード以上を操作できる程度の能力を必要とする。 付随業務として、帳票を打ち出し、営業所の宛先別に仕分けする業務を行なう。付随的業務として、営業所宛てに当該帳票の梱包、発送の業務を行なう。また、繁忙期（３月後半）には、所属部署内の電話応対の業務あり。
責任の程度		役職・部下なし
派遣期間		20△△年　4月　1日　～　20△○年　3月　31日
就業日および就業時間		就業日　別添の派遣先休日カレンダーによる。 就業時間　9時　00分　～　18時　00分 （うち休憩時間　12時　00分　～　13時　00分）
時間外労働および休日労働		時間外労働（無／㊒）→（１日２時間、１か月45時間、１年360時間以内） 休日労働（無／㊒）→（１か月　１回まで） ただし、㈱ＨＲプラスの３６協定による。

<table>
<tr><td colspan="2">安全・衛生</td><td>派遣先および派遣元は、労働者派遣法および労働安全衛生法等の各法令を遵守し、自己に課された安全および衛生に関する法令上の責任を負う。なお、派遣就業中の安全および衛生については、派遣先の安全衛生に関する規定を適用することとし、その他については、派遣元の安全衛生に関する規定を適用する。</td></tr>
<tr><td colspan="2">派遣労働者の福祉の増進のための便宜の供与</td><td>派遣先は、派遣先の労働者に対して利用の機会を与える給食施設、休憩室、および更衣室については、本契約に基づく労働者派遣に係る派遣労働者に対しても、利用の機会を与えるように配慮しなければならないこととする。</td></tr>
<tr><td rowspan="3">苦情の処理</td><td>派遣先申出先</td><td>総務部長　長野　由喜子　様　(03－○○○○－××××)</td></tr>
<tr><td>派遣元申出先</td><td>マネージャー　前坂　伸枝　(03－○○○○－××××)</td></tr>
<tr><td colspan="2">1．派遣元事業主における申出先の者が苦情の申し出を受けたときは、ただちに派遣元責任者へ連絡することとし、当該派遣元責任者が中心となって、誠意をもって、遅滞なく、当該苦情の適切迅速な処理を図ることとし、その結果について必ず派遣労働者に通知することとする。
2．派遣先における申出先の者が苦情の申し出を受けたときは、ただちに派遣先責任者へ連絡することとし、当該派遣先責任者が中心となって、誠意をもって、遅滞なく、当該苦情の適切かつ迅速な処理を図ることとし、その結果について必ず派遣労働者に通知することとする。
3．派遣先および派遣元事業主は、自らでその解決が容易であり、即時に処理した苦情の他は、相互に遅滞なく通知するとともに、密接に連絡調整を行ないつつ、その解決を図ることとする。</td></tr>
<tr><td colspan="2">派遣契約の解除</td><td>1．労働者派遣契約の解除の事前の申入れ
派遣先は、専ら派遣先に起因する事由により、労働者派遣契約の契約期間が満了する前の解除を行なおうとする場合には、派遣元の合意を得ることはもとより、あらかじめ相当の猶予期間をもって派遣元に解除の申入れを行なうこととする。
2．就業機会の確保
派遣元事業主および派遣先は、労働者派遣契約の契約期間が満了する前に派遣労働者の責に帰すべき事由によらない労働者派遣契約の解除を行なった場合には、派遣先の関連会社での就業をあっせんする等により、当該労働者派遣契約に係る派遣労働者の新たな就業機会の確保を図ることとする。
3．損害賠償等に係る適切な措置
派遣先は、派遣先の責に帰すべき事由により労働者派遣契約の契約期間が満了する前に労働者派遣契約の解除を行なおうとする場合には、派遣労働者の新たな就業機会の確保を図ることとし、これができないときには、少なくとも当該労働者派遣契約の解除に伴い派遣元事業主が当該労働者派遣に係る派遣労働者を休業させること等を余儀なくされたことにより生じた損害の賠償を行なわなければならないこととする。
たとえば、派遣元事業主が当該派遣労働者を休業させる場合は、休業手当に相当する額以上の額について、派遣元事業主がやむを得ない事由により当該派遣労働者を解雇する場合は、派遣先による解除の申入れが相当の猶予期間をもって行なわれなかったことにより派遣元事業主が解雇の予告をしないときは30日分以上、当該予告をした日から解雇の日までの期間が30日に満たないとき</td></tr>
</table>

	は当該解雇の日の30日前の日から当該予告の日までの日数分以上の賃金に相当する額以上の額について、損害の賠償を行なわなければならないこととする。 その他、派遣先は派遣元事業主と十分に協議したうえで適切な善後処理方策を講ずることとする。また、派遣元事業主および派遣先の双方の責に帰すべき事由がある場合には、派遣元事業主および派遣先のそれぞれの責に帰すべき部分の割合についても十分に考慮することとする。 4．労働者派遣契約の解除の理由の明示 派遣先は、労働者派遣契約の契約期間が満了する前に労働者派遣契約の解除を行なおうとする場合であって、派遣元事業主から請求があったときは、労働者派遣契約の解除を行なった理由を派遣元事業主に対し明らかにすることとする。
派遣先が派遣労働者を雇用する場合の紛争防止措置	労働者派遣の役務の提供の終了後、当該派遣労働者を派遣先が雇用する場合には、その雇用の意思を事前に派遣元事業主に対して示すこと。また、職業紹介を経由して行なうこととし、紹介手数料として、派遣先は派遣元事業主に対して、支払われた賃金額の○○分の○○に相当する額を支払うものとする。ただし、引き続き6か月を超えて雇用された場合にあっては、6か月間の雇用に係る賃金として支払われた賃金額の○分の○に相当する額とする。
派遣労働者を協定対象派遣労働者に限定するか否かの別	協定対象派遣労働者に限定
派遣労働者を無期雇用派遣労働者または60歳以上の者に限定するか否かの別	無期雇用派遣労働者または60歳以上の者に限定しない
派遣人員	1名

料金	基本単価　2,000円　実働1名／1時間 超過勤務　2,500円　実働1名／1時間 休日勤務　2,700円　実働1名／1時間 深夜勤務　2,500円　実働1名／1時間
支払方法	派遣先は、下記派遣元が指定する金融機関に振り込むものとする。 ○○銀行　□□支店　普通　1234567 株式会社　アニモ人材サービス　代表取締役　佐藤　喜一
特約事項	派遣労働者は、就労にあたり、守秘義務契約書を提出するものとする。

以上契約の証として本契約書2通を作成し、それぞれ署名捺印のうえ各1通を保有する。

東京都新宿区霞ヶ丘10－2
（派遣先）株式会社　ＨＲプラス
代表取締役　遠藤ちはる　事業主印

東京都渋谷区神南3－8－12
（派遣元）株式会社　アニモ人材サービス
代表取締役　佐藤喜一　事業主印

（許可番号　派13－123456）

3-8

派遣労働者に対する労働条件の明示

絶対的明示事項と相対的明示事項がある

派遣労働者は、就労先はさまざまでも、雇用されているのはあくまでも派遣元です。したがって、派遣元はまず派遣労働者と労働契約を締結することとなります。

労働基準法第15条では、会社が労働者を雇い入れる際には、**労働条件を明示**することを求めており、明示の方法は文書によらなければならない事項（**絶対的明示事項**）と、口頭で事足りる事項（**相対的明示事項**）に分けられています。

労務トラブルは口約束に起因するものがほとんどなので、口頭でもかまわない事項も含めて書面で明示したほうが望ましいといえます。また、会社による一方的な労働条件の明示ではなく、労働者の記名押印された雇用契約書という書式を活用したほうが、労働者本人も明示された雇用条件を承諾した、という証となりトラブルを未然に防ぐことができます。

なお、労働者が希望した場合には、絶対的明示事項であっても、ＦＡＸや電子メール、ＳＮＳ等にて明示できることになっていますが、この場合でも、出力して書面を作成できるものに限られます。

明示条件と異なるときは労働者は即解除できる

「明示された労働条件に納得して入社してみたら、労働条件がまるで違っていた」という場合は、労働者は労働契約を即時に解除することができます。

教育訓練やキャリアコンサルティングについて説明する

派遣労働者として雇用しようとする際には、賃金の見込み額、派遣元が実施する教育訓練および希望者に対して実施するキャリアコンサルティングの内容について説明しなければなりません。

◎派遣労働者に明示すべき労働条件◎

絶対的明示事項

【書面によらなければならない事項】

❶ 労働契約の期間
❷ 期間の定めのある労働契約を更新する場合の基準
❸ 就業の場所・従事する業務
❹ 始業・終業の時刻、所定労働時間を超える労働(早出・残業等)の有無、休憩時間、休日および労働者を２組以上に分けて就業させる場合における就業時転換に関する事項
❺ 賃金の決定、計算・支払いの方法および賃金の締切り・支払いの時期
❻ 退職に関する事項（解雇の事由を含む）

【書面によらなくてもよい事項】

❼ 昇給に関する事項

相対的明示事項

❽ 退職手当の定めが適用される労働者の範囲、退職手当の決定、計算・支払いの方法および支払時期
❾ 臨時に支払われる賃金、賞与および最低賃金額に関する事項
❿ 労働者に負担させる食費、作業用品などに関する事項
⓫ 安全・衛生
⓬ 職業訓練
⓭ 災害補償・業務外の傷病扶助
⓮ 表彰・制裁
⓯ 休職

3-9

派遣労働者に対する就業条件の明示

派遣を開始する際には就業条件を明示

派遣元が派遣先からの要請に応じて労働者派遣を行なおうとするときは、派遣元は派遣する者を選定し、その者に対して、以下を明示しなければなりません。

- **労働者派遣をする旨**
- **就業条件**
- **派遣労働者個人単位の期間制限に抵触する日**
- **派遣先の事業所単位の期間制限に抵触する日**

なお、派遣先の事業所単位の期間制限の抵触日が延長された場合には、遅滞なく変更後の抵触日を明示する必要がありますので、注意しましょう。

就業条件の明示は、書面で行なうのが原則ですが、派遣労働者が希望する場合には、ファクシミリや電子メールによることもできます。

また、登録型の労働者派遣である場合には、単に登録しているだけの段階では雇用関係はありませんので、労働条件・就業条件の明示は必要ありません。

実際に雇用、派遣しようとする（労働契約の締結と労働者の派遣が同時に行なわれる）際に、就業条件を明示することになります。その場合には、労働条件の明示と就業条件の明示を兼ねて、「**就業条件明示書兼雇用契約書（労働条件明示書）**」等として一枚の書類とすることが実務的でしょう。

労働契約申込みみなし制度の適用も明示

派遣元は、就業条件の明示に際し、派遣先が事業所単位の期間制限・個人単位の期間制限に違反して労働者派遣を受けた場合は「労働契約申込みみなし制度」が適用される旨を併せて明示しなければなりません。

◎明示すべき具体的な就業条件等◎

①**従事する業務の内容**

②従事する業務に伴う責任の程度

③従事する事業所の名称･所在地その他派遣**就業の場所**および組織単位

④就業中の派遣労働者を直接指揮命令する者に関する事項

⑤**派遣期間および派遣就業をする日**

⑥派遣就業の開始および終了の時刻ならびに休憩時間

⑦安全および衛生に関する事項

⑧苦情の処理に関する事項

⑨派遣契約の解除にあたって講ずる措置

⑩紹介予定派遣に係るものである場合には、紹介予定派遣に関する事項

⑪派遣労働者個人単位の期間制限に抵触する最初の日

⑫派遣先の事業所単位の期間制限に抵触する最初の日

⑬派遣元責任者および派遣先責任者に関する事項

⑭上記⑤の派遣就業日または⑥の所定就業時間以外に就業させる日または延長時間

⑮健康保険被保険者資格取得届等の書類が行政機関に提出されていない場合はその理由

⑯派遣労働者の福祉の増進のための便宜の供与に関する事項

⑰労働者派遣の終了後に労働者派遣契約の当事者間の紛争を防止するために講ずる措置

⑱期間制限のない労働者派遣に関する事項

なお、「労働契約申込みみなし制度」が適用される場合については、厚生労働省のリーフレット等により明示するのが望ましいとされています。

◎「就業条件明示書兼雇用契約書（労働条件明示書）」のモデル例◎

20△△年□月△日

就業条件明示書兼雇用契約書（労働条件明示書）

甲　所在地　東京都渋谷区神南３－８－12
会社名　株式会社　アニモ人材サービス
代表者　代表取締役　佐藤　喜一　（事業主印）

乙　住所　東京都文京区後楽１－15－61
氏名　佐野　裕志

株式会社　アニモ人材サービス（以下「甲」と称す）は、佐野裕志（以下「乙」と称す）を、次の就業条件に基づき派遣労働者として雇用契約を締結します。

派遣先	名称	株式会社　ＨＲプラス
	就業場所（組織単位）	東京都新宿区霞ヶ丘町15-2　HRビル３階 TEL：03－○○○○－△△△△ 株式会社HRプラス 経理部経理課 （組織単位における期間制限に抵触する日）20△×年　３月31日
	所在地	東京都新宿区霞ヶ丘町15－2　TEL：03－○○○○－△△△△
	指揮命令者	経理部経理課長　神藤　和博　TEL：03－○○○○－△△△△
	派遣先責任者	総務部長　長野　由喜子　TEL：03－○○○○－△△△△
	苦情処理申出先	総務部長　長野　由喜子　TEL：03－○○○○－△△△△
派遣元	名称	株式会社　アニモ人材サービス
	所在地	東京都渋谷区神南3-8-12　TEL：03－○○○○－△△△△
	派遣元責任者	マネージャー　前坂　伸枝　TEL：03－○○○○－△△△△
	苦情処理申出先	マネージャー　前坂　伸枝　TEL：03－○○○○－△△△△
派遣条件（契約期間）	業務内容	パーソナルコンピュータの操作による会計書類作成業務。 付随業務として、帳票を打ち出し、営業所の宛先別に仕分けする業務を行なう。 付随的業務として、営業所宛てに当該帳票の梱包、発送の業務を行なう。 また、繁忙期（３月後半）には、所属部署内の電話応対の業務あり。
	責任の程度	役職・部下なし
	派遣期間（契約期間）	20△△年４月１日　～　20△×年３月31日 （派遣先の事業所における期間制限に抵触する日）20△×年３月31日 ※派遣先の事業所における派遣可能期間の延長について、その手続きを適正に行なっていない場合や派遣労働者個人単位の期間制限の抵触日を超えて労働者派遣の役務の提供を受けた場合は、派遣先は労働契約申込みみなし制度の対象となる。
	就業時間	（就業時間）　9時　00分　～　18時　00分 （休憩時間）　12時　00分　～　13時　00分

指揮命令者は明確に。

具体的かつ詳細に記入します。

この２項目は派遣労働者の関心が高い。

就業日 休日	別添の派遣先休日カレンダーによる。
時間外・休日労働	時間外労働（無／(有)）→（１日２時間、１か月45時間、１年360時間以内） 休日労働　（無／(有)）→（１か月　１回まで） ただし、派遣元の３６協定の定めによる。
休暇	年次有給休暇は、雇入れ後６か月継続勤務し出勤率８割以上のときに10日。
安全衛生	派遣労働者が派遣先において業務を遂行するに当たって、当該派遣労働者の安全、衛生を確保するために必要な事項を記載する。 ●危険または健康障害を防止するための措置に関する事項 ●健康診断の実施等健康管理に関する事項 ●換気、採光、照明等作業環境管理に関する事項 ●安全衛生教育に関する事項 ●免許の取得、技能講習の終了の有無等就業制限に関する事項 ●安全衛生管理体制に関する事項 ●その他派遣労働者の安全および衛生を確保するために必要な事項
派遣契約解除の措置	１．甲は、労働者派遣契約の契約期間が満了する前に乙の責に帰すべき事由以外の事由によって労働者派遣契約の解除が行なわれた場合には、当該労働者派遣契約に係る派遣先と連携して、当該派遣先からその関連会社での就業のあっせんを受けること、甲において他の派遣先を確保すること等により、乙の新たな就業機会の確保を図ることとする。 ２．甲は、当該労働者派遣契約の解除に当たって、新たな就業機会の確保ができない場合は、まず休業等を行ない、乙の雇用の維持を図るようにするとともに、休業手当の支払いの労働基準法等に基づく責任を果たすこととする。さらに、やむを得ない事由によりこれができない場合において、乙を解雇しようとするときであっても、労働契約法の規定を遵守することはもとより、少なくとも30日前に予告することとし、30日前に予告しないときは労働基準法第20条第１項に基づく解雇予告手当を支払うこと、休業させる場合には労働基準法第26条に基づく休業手当を支払うこと等、雇用主に係る労働基準法等の責任を負うこととする。 ３．乙が契約期間の途中で契約解除を行なう場合は、少なくとも60日前には甲に申し出るものとする。
福利厚生等	派遣先の食堂、医務室、リクリエーション施設を使用することができる。
苦情処理に関する事項	派遣労働者から苦情の申し出を受けた場合の苦情の処理について、労働者派遣契約に定めた苦情の処理方法、派遣元と派遣先の連携体制等を具体的に記入します。
賃金	基本給　1,200円／１時間 通勤手当　無 時間外労働　125％　法定外休日労働　125％ 法定休日労働　135％　深夜労働　125％
その他	１．社会保険の加入状況（(厚生年金)・(健康保険)・その他（　　）） ２．雇用保険の適用（(有)・無） ３．その他 ４．具体的に適用される就業規則名（　　）
特記事項	派遣労働者は、就労にあたり、守秘義務契約書を提出するものとする。

36協定の範囲内であることを確認します。

契約解除の手続きや取扱いを具体的に記入します。

労働基準法で定める割増率以上であることが必要です。

3-10

海外への労働者派遣の取扱い

海外出張は海外派遣には該当しない

昨今では海外へ労働者を派遣する、いわゆる「**海外派遣**」を行なうケースも少なくありません。

ここでいう「海外派遣」には、海外の事業所などで指揮命令を受けて派遣就業させることを目的とするもののうち、海外の法人または個人はもちろん、日本国内の法人または個人の海外支店などにおいて派遣就業させるときもこれに該当します。

ただし、派遣就業の場所が一時的に国外となる場合であったとしても、主に指揮命令を行なう者が日本国内にいて、その業務が国内にある事業所の責任により行なわれているような、いわゆる「出張」などは海外派遣には該当しません。

また、派遣先が日本国内の法人または個人である場合において、その派遣先の海外の事業所で派遣就業させるときは、その派遣期間がおおむね１か月を超えなければ、海外派遣には該当しないことになっています。

海外派遣が行なわれる場合、派遣先では日本国内の法律が適用されないため、その労働者派遣契約の締結に際して、派遣元は、派遣先が講ずべき措置等を定めた事項を書面に記載して、派遣先に通知しなければなりません。定める必要のある、派遣先が講ずべき措置は右ページのとおりです。

同様に、海外派遣においては、派遣労働者の適正な就業の確保が難しくなるため、労働者派遣法では、海外へ派遣される労働者の保護を目的として、派遣元に対して事前に「海外派遣届出書」を、所轄労働局を通じて厚生労働大臣に提出するよう定めています。この届出に際しては、派遣先責任者等の規定についての書面の写しを添付することとされています。

なお、許可申請に際し、海外派遣を予定している場合は、以下につ

◎派遣先の講ずべき措置の定め◎

❶ 派遣先責任者を選任すること

❷ 派遣先管理台帳の作成、記載および通知を行なうこと

❸ 派遣労働者に関する労働者派遣契約の定めに反することのないように適切な措置を講ずること

❹ 派遣労働者の派遣先における就業に伴って生ずる苦情等について、派遣元事業主に通知し、その適切かつ迅速な処理を図ること

❺ 教育訓練の実施に係る配慮

❻ 福利厚生施設の利用の機会の付与に係る配慮

❼ 疾病、負傷等の場合における療養の実施その他派遣労働者の福祉の増進に係る必要な援助を行なうこと

海外への派遣であるために、特に求められる派遣労働者の福祉の増進のための援助です。「その他派遣労働者の福祉の増進に係る必要な援助」とは、たとえば、派遣労働者の帰国に対する援助などです。

❽ 事業所単位の期間制限に係る派遣可能期間の制限に抵触することとなる最初の日の通知および離職した労働者についての労働者派遣の役務の受入れの禁止に関する通知を行なうこと

❾ 特定有期雇用派遣労働者の雇用に関する措置

❿ 派遣先事業所において通常の労働者の募集を行なう場合の募集情報の提供に関する措置等

⓫ 離職後１年以内の派遣労働者の受入れ禁止について、派遣先が派遣元事業主より派遣する労働者名等の通知を受けたときに、その者を受け入れたときに当該離職後１年以内の受け入れ禁止規定に抵触する場合は、速やかにその旨を通知する旨

⓬ その他派遣就業が適正に行なわれるため必要な措置を行なうこと

いても判断項目となります。

①派遣元責任者が派遣先国の言語および労働事情に精通するものであること

②派遣労働者の海外における適正な就業のための体制が整備されていること

3-11

派遣開始の際に必要な派遣元責任者の選任

「派遣元責任者」選任の必要性と人数

派遣労働者は、雇用関係にある派遣元ではなく、目の行き届かない派遣先において就労するため、適正な雇用管理が確保されない恐れが生じます。

そのため、労働者派遣法では、派遣労働者の雇用管理上の責任者を明確にすることを目的に、「**派遣元責任者**」を選任しなければならないこととされています。

派遣元責任者は、派遣元会社ごとに、自社で雇用する労働者のなかから事業所に専属の者を選任する必要があります。この「専属」とは、他の事業所の派遣元責任者と兼任しないという意味で、その業務のみを行なうという意味ではありません。また、派遣元責任者は役員等（会計参与、監査役を除く）のなかから選ぶこともできます。

選任する人数は、その事業所の派遣労働者の数１人以上100人以下につき１人以上ずつとなっています。

さらに、物の製造業務については、労働災害の発生リスクが大きいため、派遣労働者１人以上100人以下につき１人の割合で「**製造業務専門派遣元責任者**」を選任し、物の製造の業務に従事する派遣労働者専門に担当させなければなりません。

ただし、そのうち１人は、物の製造の業務以外と兼務してもかまいません。

派遣元責任者講習の受講が必要に

労働者派遣事業の許可申請を行なう際の要件として、派遣元責任者には「派遣元責任者講習」の受講（３年以内）を義務づけています。また、選任された後でも、労働者派遣事業に関する知識、理解を一定の水準に保つため、在任中は３年ごとに派遣元責任者講習を受講することとされています。

◎派遣元責任者の職務と人数◎

派遣元責任者の職務

1. 派遣労働者であることの明示等
2. 就業条件等の明示
3. 派遣先への通知
4. 派遣元管理台帳の作成、記載および保存
5. 派遣労働者に対する必要な助言および指導の実施
6. 派遣労働者から申し出を受けた苦情の処理
7. 派遣先との連絡・調整
8. 派遣労働者の個人情報の管理
9. 派遣労働者の教育訓練の実施および職業生活設計に関する相談の機会の確保
10. 安全衛生

選任の人数

派遣労働者		派遣元責任者
1人～100人	→	1人以上
101人～200人	→	2人以上
以降100人ごとに	→	1人以上ずつ選任

派遣元責任者の職務は、派遣労働者の雇用管理全般にわたり、また、派遣先との連絡・調整役として重要な役割を果たすことになります。

3-12

派遣元管理台帳の作成と記載事項

労働者名簿等と一緒に作成してもOK

派遣元会社は、事業所ごとに「**派遣元管理台帳**」を作成して、**派遣終了日から起算して３年間保存**する必要があります。

労働者名簿や賃金台帳と派遣元管理台帳とをあわせて作成することが認められており、記載しなければならない事項は以下のとおりです。

①派遣労働者の氏名
②協定対象派遣労働者であるか否かの別
③無期雇用派遣労働者か有期雇用派遣労働者かの別、有期雇用派遣労働者の場合は労働契約の期間
④60歳以上の者であるか否かの別
⑤派遣先の名称（法人の場合）または氏名（個人の場合）
⑥派遣先の事業所の名称
⑦派遣先の事業所の所在地その他派遣就業の場所および組織単位
⑧労働者派遣の期間および派遣就業をする日
⑨始業および終業の時刻
⑩従事する業務の種類
⑪派遣労働者が従事する業務に伴う責任の程度
⑫派遣労働者から申し出を受けた苦情の処理に関する事項
⑬紹介予定派遣に関する事項
⑭派遣元責任者および派遣先責任者に関する事項
⑮時間外・休日労働ができる日または時間数
⑯期間制限のない労働者派遣に関する事項
⑰派遣労働者の健康保険、厚生年金保険および雇用保険の被保険者資格取得届の提出の有無（無のときはその具体的なる理由）
⑱段階的かつ体系的な教育訓練を行なった日時とその内容
⑲キャリア・コンサルティングを行なった日時とその内容
⑳雇用安定措置の内容

有期雇用労働者と無期雇用労働者に分けて作成します。

◎「派遣元管理台帳」のモデル例◎

各事項については労働条件通知書や就業条件明示書とリンクさせます。

派　遣　元　管　理　台　帳

派遣労働者氏名	佐野　裕志
協定対象派遣労働者であるか否かの別	協定対象派遣労働者
有期雇用派遣労働者、無期雇用派遣労働者の別	有期雇用派遣労働者 （労働契約期間：20△△年○月○日～20△×年○月○日）
派遣先の名称	株式会社　ＨＲプラス
派遣先の事業所の名称	株式会社　ＨＲプラス　○○支店
派遣元責任者	マネージャー　前坂　伸枝　（TEL：03－○○○○―△△△△）
派遣先責任者	総務部長　長野　由喜子　（TEL：03－○○○○―△△△△）
就業期間	20△△年○月○日　～　20△×年○月○日
就業する日	別添派遣先休日カレンダーによる。
就業時間	（就業時間）　9時　00分　～　18時　00分 （休憩時間）　12時　00分　～　13時　00分
時間外・休日就労	時間外就労　１日２時間、１か月45時間、１年360時間以内 休日就労　１か月　１回まで
就業状況	○月○日（月）　２時間の就業時間外の労働 ×月×日（水）　カゼにより欠勤
派遣労働者からの苦情処理状況	申出を受けた日：△月△日（火） 【苦情内容、処理状況】
派遣労働者の社会保険・雇用保険の被保険者資格取得届の提出の有無	雇用保険　：有 健康保険　：有 厚生年金保険　：有
教育訓練の内容	20△△年○月○日～○月○日　入職時の基本研修（エクセル、ワードによる資料作成等）
キャリア・コンサルティングの日時および内容	20△△年○月○日　キャリアコンサルタントによる能力の棚卸しの実施 20△△年○月○日　前回の能力の棚卸しに基づく今後のキャリアパスについて相談
雇用安定措置の内容	①派遣先への直接雇用の依頼 20△△年○月○日文書により依頼。 20△△年○月○日正社員にて受入可との回答。 ②他の派遣先の紹介　（省略） ③期間を定めない雇用機会の確保　（省略） ④その他　（省略）

3-13

派遣開始の際の
派遣元から派遣先への通知

なぜ派遣元から派遣先への通知が必要なのか

派遣元と派遣先の間で締結された労働者派遣契約では、就業条件と派遣労働者の人数は定められるものの、実際の派遣就業にあたって具体的にどのような派遣労働者が派遣され、かつ、どのような就業条件で派遣労働者を就業させられるのかまでは言及されていません。

このため、労働者派遣契約の適正な履行を確保する観点から、派遣元会社から派遣先に対して、派遣する派遣労働者の氏名のほか、就業条件と労働者派遣契約に定めた就業条件の関係を明確にするなど、**派遣先における適正な派遣労働者の雇用管理を確保するために必要な以下の情報を通知**することとされています。

①派遣労働者の氏名・性別
②派遣労働者が45歳以上である場合、または60歳以上の場合はその旨
③派遣労働者が18歳未満である場合は年齢
④協定対象派遣労働者であるか否かの別
⑤無期雇用派遣労働者か有期雇用派遣労働者であるかの別
⑥派遣労働者が60歳以上の者であるか否かの別
⑦健康保険・厚生年金保険・雇用保険の資格取得届の提出の有無（無のときはその具体的な理由も）
未加入の具体的理由を派遣先に通知する際、労働者に対しても通知する必要があります。また、派遣開始後、健康保険・厚生年金保険・雇用保険に加入させた場合には、派遣元は、本人の同意を得て、被保険者証の写し等を派遣先に提示・送付します。
⑧派遣労働者の派遣就業の内容が労働者派遣契約の内容と異なる場合のその就業条件の内容

◎派遣元から派遣先へ通知すべきこと◎

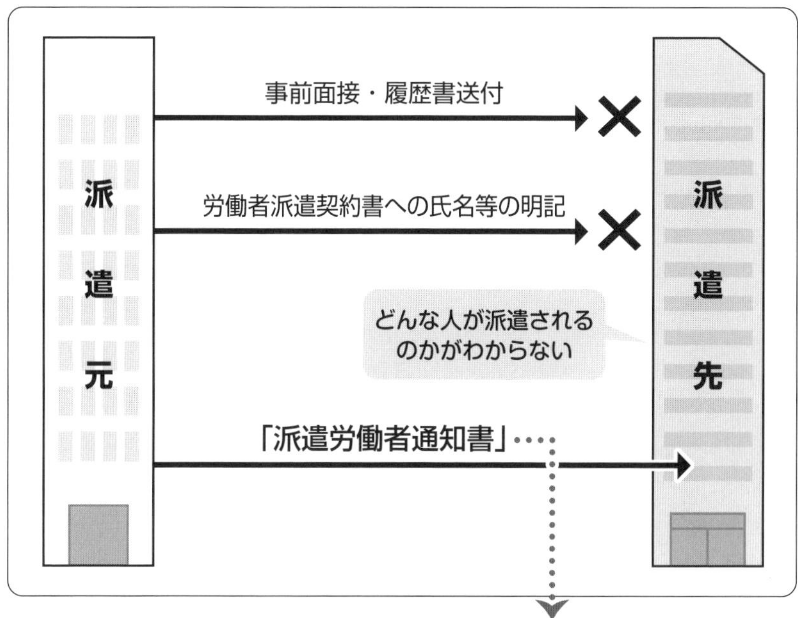

派遣労働者通知書

20△△年□月△日

株式会社　HRプラス　殿

45歳以上である場合、または60歳以上の場合はその旨、18歳未満であるときは年齢を記入。

事業所所在地　東京都渋谷区神南３－８－12
事業所名称　株式会社　アニモ人材サービス
代表者　代表取締役　佐藤　喜一　（事業主印）

20△△年□月△日付け労働者派遣契約に基づき次の者を派遣します。

◎派遣期間　20△△年４月１日から20△×年３月31日

◎派遣労働者の氏名等

「無」の場合はその具体的理由を明記。

派遣対象業務	氏　名	性別	協定対象派遣労働者であるか否かの別	無期雇用 有期雇用	社会保険等加入の資格取得届の提出の有無		
					健康保険	厚生年金	雇用保険
Ａ業務	佐野　裕志	男	協定対象派遣労働者	無期雇用	有	有	有
Ｂ業務	土屋　信彦	男	協定対象派遣労働者	有期雇用（６か月契約）	無（週の所定労働時間が20時間）	無（週の所定労働時間が20時間）	有
Ｃ業務	岸田　亜矢子	女	協定対象派遣労働者	無期雇用	無（取得手続中）	無（取得手続中）	無（取得手続中）

3-14

派遣開始の際に必要な派遣先責任者の選任

「派遣先責任者」選任の必要性と人数

派遣元会社が派遣元責任者を選任するように、派遣労働者を受け入れる派遣先会社でも「**派遣先責任者**」を選任する必要があります。

この派遣先責任者は、事業所ごとに、派遣先が自社で雇用している労働者のなかから、専属の派遣先責任者として選任することになります。ここでいう、「専属」とは、派遣先責任者の業務のみを行なうということではなく、他の事業所の派遣先責任者と兼任しないという意味です。また、監査役を除く法人の役員などが派遣先責任者となることも可能です。

選任する人数は、その事業所で受け入れる派遣労働者の数が１人以上100人以下につき１人以上ずつとなっています。ただし、派遣労働者の数とその派遣先が雇用している労働者の数を合算した数が５人以下であるときは、選任する必要はありません。

さらに、物の製造業務については、労働災害の発生リスクが大きいことから、派遣労働者が50人を超える事業所では、物の製造業務に従事する派遣労働者が100人につき１人以上の「**製造業務専門派遣先責任者**」を選任しなければなりません。したがって、物の製造業務に従事する派遣労働者が50人以下の場合は、製造業務専門派遣先責任者を選任する必要はないことになります。

なお、製造業務専門派遣先責任者が２人以上いる場合は、そのうち１人は、物の製造の業務以外の派遣責任者とあわせて担当することもできます。

派遣先責任者の選任にあたっては、人事・労務管理などに精通した人事部長や総務部長などを選任するべきといえるでしょう。また、労働者派遣法や労働関係法令の趣旨、派遣先責任者としての職務や知識を取得できるよう、当分の間、「派遣先責任者講習」を受講させることが望まれています。

◎派遣先責任者の職務と人数◎

派遣先責任者の職務

1. 派遣労働者に指揮命令する者（派遣労働者を直接指揮命令する者だけでなく、派遣労働者の就業のあり方を左右する地位に立つ者はすべて含む）その他の関係者に対し、法令等の規定、労働者派遣契約の定め、派遣労働者に関する派遣元からの通知を周知すること
2. 派遣受入期間の変更通知
3. 派遣先における均衡待遇の確保
4. 派遣先管理台帳の作成、記録、保存および記載事項の通知
5. 派遣労働者から申し出を受けた苦情処理
6. 安全衛生
7. 派遣元との連絡・調整

選任の人数

派遣労働者		派遣元責任者
1人～100人	→	1人以上
101人～200人	→	2人以上
以降100人ごとに	→	1人以上ずつ選任

3-15

派遣先管理台帳の作成と記載事項

社員＋派遣社員が５名以下なら作成不要

派遣先は、派遣労働者の適正な雇用管理を実現するために、「**派遣先管理台帳**」を作成し、就業実態を把握、記録しなければなりません。この派遣先管理台帳は、派遣労働者が就労する事業所等ごとに作成することが必要で、労働者派遣が行なわれるつど記録することが求められています。ただし、受け入れた派遣労働者の数と派遣先に雇用されている他の労働者の数を合算した数が５人以下のときは、派遣先管理台帳を作成および記載する必要はありません。

派遣先管理台帳には、次の事項を記載し、**派遣終了の日から起算して３年間保存**しなければなりません。

①派遣労働者の氏名　②派遣元の名称または氏名
③派遣元の事業所の名称　④派遣元の事業所の所在地
⑤協定対象派遣労働者であるか否かの別
⑥無期雇用派遣労働者か有期雇用派遣労働者かの別
⑦派遣就業をした日
⑧派遣就業をした日ごとの始業・終業時刻、休憩時間
⑨従事した業務の種類
⑩従事する業務に伴う責任の程度
⑪従事した事業所の名称・所在地その他派遣就業した場所ならびに組織単位
⑫派遣労働者から申し出を受けた苦情の処理に関する事項
⑬紹介予定派遣に関する事項
⑭教育訓練を行なった日時および内容
⑮派遣先責任者および派遣元責任者に関する事項
⑯派遣受入期間の制限を受けない業務に関する事項
⑰派遣労働者の健康保険、厚生年金保険および雇用保険の被保険者資格取得届の提出の有無（無のときはその具体的な理由）

◎「派遣先管理台帳」のモデル例◎

派　遣　先　管　理　台　帳

派遣労働者氏名	佐野　裕志
派遣元の名称	株式会社　アニモ人材サービス
派遣元の事業所の名称	株式会社　アニモ人材サービス　渋谷支店
派遣元の事業所の所在地	東京都渋谷区神南3-8-12　（TEL：03－○○○○－△△△△）
業務の種類	事務用機器操作業務（エクセル、ワード等による書類作成業務）
業務に伴う責任の程度	役職・部下なし
有期雇用・無期雇用	有期雇用
派遣先責任者	総務部長　　長野由喜子　（TEL：03－○○○○－△△△△）
派遣元責任者	マネージャー　前坂　伸枝　（TEL：03－○○○○－△△△△）
就業状況	（就業日）　（就業時間）　（休憩時間） 20△△年○月○日（水）　9：00～19：00　12：00～13：00 ※事務用機器操作業務：9時間（時間外労働1時間を含む）
派遣労働者からの苦情処理状況	申し出を受けた日：20△△年○月○日（火） 【苦情内容、処理状況】 同一部署内の男性労働者が、たびたび、容姿や身体に関してセクハラ発言をするとの苦情。社内にセクハラ防止に関するポスターを掲示し、資料も配布。あわせて、説明会も開催。以後、そのような不適切な言動は見受けられない。
社会保険・雇用保険の被保険者資格取得届の提出の有無	雇用保険　：有 健康保険　：有 厚生年金保険　：有

なお、上記のうち①⑦⑧⑨⑩⑪の事項については、派遣先から派遣元に対して、1か月に1回以上、期日を決めて書面（または、電子メール、ファクシミリ）で通知することが義務づけられています。

3-16

派遣先から派遣元への通知

派遣契約締結の際は期間制限の締結日を通知する

派遣先は、派遣先の事業所その他の派遣就業の場所ごとの業務について、派遣可能期間の制限のない労働者派遣である場合を除き、派遣元から派遣可能期間（３年）を超えて、派遣労働者を受け入れてはなりません。

そのため、派遣元および派遣先の双方が、派遣労働者の派遣可能期間を把握し、期間制限の規定を遵守するために、派遣先からの通知が必要とされています。派遣先は、新たな労働者派遣契約にもとづく労働者派遣を受け入れようとする場合は、契約の締結に際し、あらかじめ派遣元に対して、その労働者派遣にかかる**事業所単位の期間制限の抵触日**を通知しなければなりません。

また、派遣先が派遣可能期間を延長したときにも、延長後の事業所単位の期間制限に抵触する日を派遣元に通知する必要があります。

この派遣受入期間の制限は、同じ派遣先事業所その他就業の場所ごとに同じ業務に派遣することとなるので、派遣期間の途中で派遣労働者を交替しても、あるいは、派遣元を変更したとしても期間は継続することになります。

しかし、派遣元サイドからしてみると、その派遣先がその業務に以前より他の派遣元会社を通じて、すでに派遣が行なわれていたかどうかは知る由もありません。つまり、派遣元が誤って派遣受入期間の制限に抵触する日を超えて労働者を派遣してしまうリスクがあるわけです。したがって、こうした過誤を防ぐためには、**派遣先はあらかじめ抵触する日を派遣元に伝えておく**必要があるわけです。

派遣元は、派遣先からそうした通知がないときは労働者派遣契約を締結することはできません。

◎派遣先から派遣元へ通知すべきこと◎

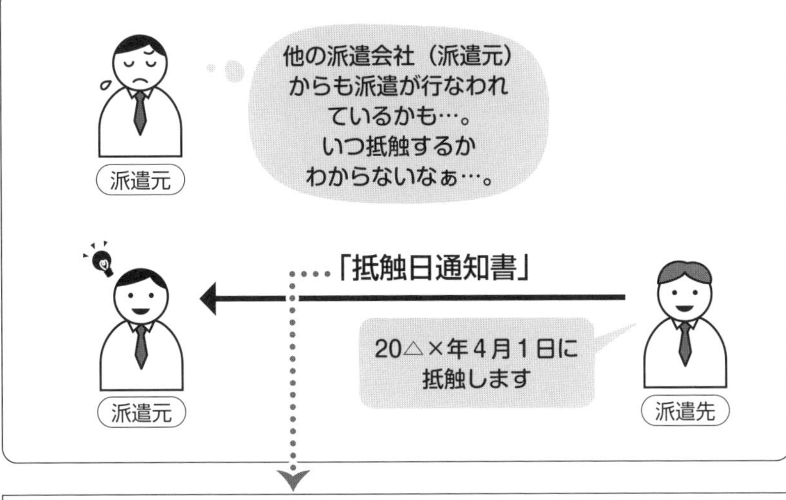

20△△年□月△日

株式会社　アニモ人材サービス　殿

株式会社　ＨＲプラス
代表取締役　遠藤ちはる

抵触日通知書

貴社の労働者派遣契約の締結に際し、労働者派遣法第26条第４項に基づき、派遣可能期間の制限に抵触する日を下記のとおり通知いたします。

記

- ●就業場所　　東京都新宿区霞ヶ丘町15－２
  株式会社　ＨＲプラス　総務部経理課
- ●業　　務　　パーソナルコンピュータの操作による会計書類作成
- ●派遣受入開始予定日　　20△△年　４月　１日
- ●派遣受入期間制限抵触日　　20△×年　４月　１日

以上

3-17

派遣先から派遣元への情報提供

派遣契約締結の際は、待遇等の情報を提供する

労働者派遣契約を締結するにあたり、派遣先は、あらかじめ派遣元会社に「**派遣先が雇用する労働者の待遇その他の情報**」を提供しなければなりません。これは、派遣元会社は、派遣労働者と派遣先に雇用される通常の労働者との間で、**均衡・均等待遇を確保する義務**を負っているため、派遣元会社において派遣先の労働者の待遇等に関する情報が必要となるからです。

情報提供の対象となるのは、基本的には、派遣先等が雇用する無期雇用フルタイム労働者（正社員等）であり、職務の内容（業務の内容および責任の程度）や人材活用のしくみ（職務の内容および配置変更の範囲）が派遣労働者と同一であると見込まれるものです。ただし、条件に該当する労働者がいないときは、それに準じる以下のような比較対象労働者を選定します。

①職務の内容と人材活用のしくみが同一の無期雇用フルタイム労働者
②職務の内容が同一の無期雇用フルタイム労働者（①がいない場合）
③職務の内容のうち、業務の内容または責任の程度のいずれかが同一の無期雇用フルタイム労働者（①②がいないとき。以下同様）
④人材活用のしくみが同一である無期雇用フルタイム労働者
⑤上記①～④のいずれかに相当するパート・有期雇用労働者
⑥仮想の無期雇用フルタイム労働者（同一の職務の内容で無期雇用フルタイム労働者を雇い入れたと仮定）

情報提供のしかた

派遣先は、右ページの情報を派遣元会社に書面（または、ファクシミリ、電子メール）により提供します。派遣先・派遣元会社は、情報提供に係る書類を派遣終了から３年間保存する必要があります。

◎提供すべき情報◎

【協定対象派遣労働者に限定する場合】

①派遣先が派遣労働者と同種の業務に従事する派遣先の労働者に対して行なう業務の遂行に必要な能力を付与するための教育訓練の内容（ない場合にはその旨）

②派遣先が派遣先に雇用される労働者に対して利用させる給食施設、休憩室および更衣室等の福利厚生施設（ない場合にはその旨）

【協定対象派遣労働者に限定しない場合】

①比較対象労働者の情報

②職務の内容

③人材活用のしくみ（職務の内容および配置変更の範囲）

④雇用形態（無期雇用フルタイム労働者、短時間労働者、有期雇用労働者または仮想の無期雇用フルタイム労働者の区別、雇用期間）

⑤比較対象労働者を選定した理由

⑥比較対象労働者の待遇の内容（以下のいずれか）

- 比較対象労働者が１人である場合に、当該者に対する個別具体の待遇の内容
- 比較対象労働者が複数人である場合に、これらの者に対する個別具体の待遇の内容（数量的な待遇については平均額または上限・下限額、数量的でない待遇については標準的な内容または最も高い水準・最も低い水準の内容）
- 比較対象労働者が１人または複数人である場合に、それぞれの適用している待遇の実施基準

⑦比較対象労働者の待遇のそれぞれの性質およびその目的

⑧比較対象労働者の待遇のそれぞれについて、職務の内容、配置変更の範囲その他の事情のうち、待遇に係る決定をするにあたって考慮したもの

比較対象労働者の待遇等に関する情報に変更があったときは、遅滞なく派遣元会社に情報提供しなければなりません。

3-18

トラブル等の苦情への対応のしかた

苦情処理がキチンとできるかどうかは最重要事項

労働者派遣において、派遣労働者からの苦情が発生してしまうこともあるでしょう。たとえば、指揮命令の方法の改善、セクシャルハラスメント、パワーハラスメント、マタニティハラスメントなど、さまざまな内容が考えられます。これらの苦情の原因は、派遣先、派遣元、さらには派遣労働者自身のいずれか、または双方にあります。

このような苦情に対し、派遣元と派遣先が協力してキチンと対応し、処理できるかどうかは、適正な労働者派遣を十分に活用するために最も重要な事項です。こうしたことから、労働者派遣法では苦情処理への対処について規定されています。

まず、派遣就業を開始する前には、**苦情処理の方法**を決定し、それを派遣契約に定めて、派遣労働者に対し「就業条件明示書」を交付しなければなりません。派遣労働者が苦情を申し出たい場合にどうすればよいのかを、あらかじめ通知しておくわけです。

また、**苦情処理を担当する責任者**を明確にしておくことも必要です。派遣元には派遣元責任者を、派遣先には派遣先責任者を選任する義務が課せられており、苦情処理の実施責任者として、適切な処理を行なわなければなりません。

実際に苦情が発生してしまった場合について、労働者派遣法では、「派遣先事業主は、苦情の内容を派遣元事業主に通知するとともに、派遣元事業主との密接な連携のもとに、誠意をもって、遅滞なく、苦情の適切かつ迅速な処理を図らなければならない」と規定しています。また、こうした苦情は、**派遣元管理台帳および派遣先管理台帳に記載**しなければなりません。

なお、派遣元および派遣先は、派遣労働者から苦情の申し出を受けたことで、その労働者に対して不利益な取扱いをしてはならないことになっています。

◎労働者派遣法の苦情処理に関する規定◎

発生前

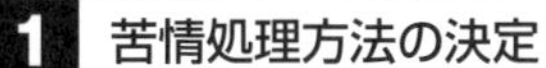

1 苦情処理方法の決定

❶ 労働者派遣契約に定める

❷ 就業条件明示書への明記

2 苦情処理の責任者の明確化

❶ 派遣元責任者の職務

❷ 派遣先責任者の職務

発生後

3 発生してしまった苦情の処理

● 派遣先が苦情の申し出を受けたときは派遣元と連携し、迅速に解決に努める

4 苦情の記録

❶ 派遣元管理台帳への記載

❷ 派遣先管理台帳への記載

派遣先に課されている労働関係法令上の義務に関する苦情については、派遣先において誠実かつ主体的に対応すべきものと派遣先指針に明記されますので、注意しましょう。

3-19

派遣契約・労働契約の更新のしかた

労働者派遣契約で注意しておくべきこと

派遣労働者は、派遣元（労働者派遣会社）と労働契約を結んだうえで、派遣先との「労働者派遣契約」にもとづいて派遣就労することになります。

つまり、派遣労働者は、一般的な正規社員と違って、**労働契約と労働者派遣契約という２つの契約関係のなかで**就労することになり、両者を別々に把握しておく必要があります。

労働者派遣には、①派遣先事業所単位と②派遣労働者個人単位の２つの期間制限が設けられており、この期間を超えて派遣就業してはいけないことになっています。したがって、この派遣受入期間の制限を超えて労働者派遣契約を更新することはできません。

そのため、労働者派遣契約において、更新に関する事項を「自動更新」と規定すると、派遣受入期間の制限に抵触してしまう恐れがあるので、慎重にならなくてはなりません。

労働契約で注意しておくべきこと

一方の労働契約は、労働基準法によって契約期間の上限が原則として３年と定められています。また、専門的な知識、技術または経験であって、高度のものとして厚生労働大臣が定める基準に該当するものを有する労働者が、そのような専門的知識等を必要とする業務に就く場合に締結する労働契約については、契約期間を５年以内とすることができます。

いわゆる登録型の労働者派遣事業の場合、労働者派遣契約と労働契約の期間は原則としてリンクすることになりますが、派遣契約が中途で解約されたような場合は、労働契約だけがそのまま存続することになるので注意が必要です。

◎労働者派遣契約・労働契約の更新のしくみ◎

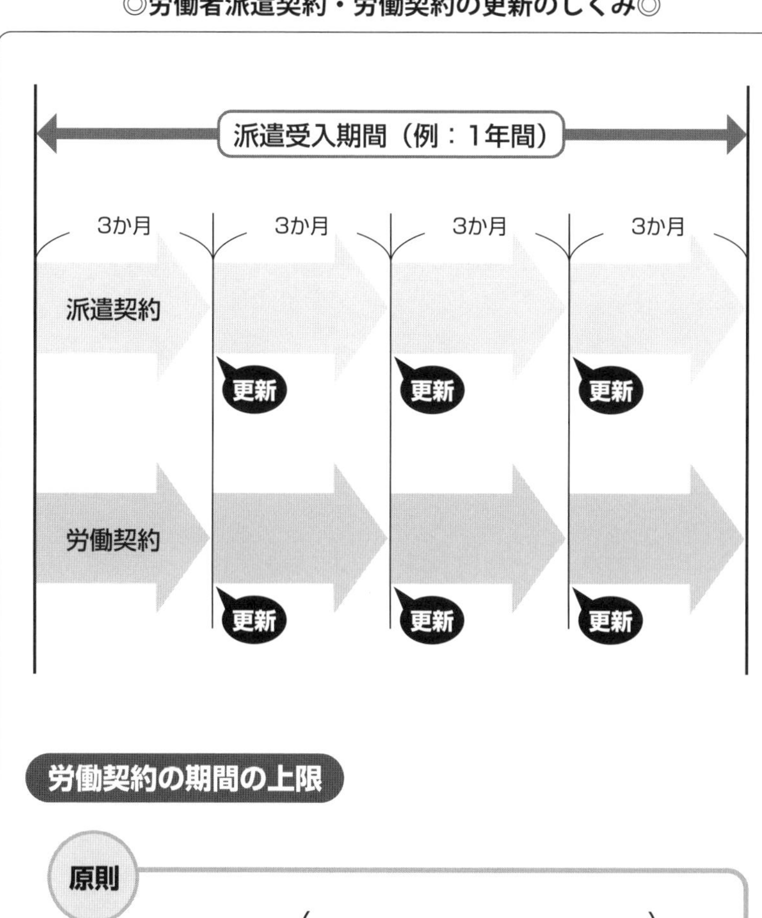

労働契約の期間の上限

原則

上限**3**年（ただし、１年経過後は、労働者は使用者に申し出ることで解約可能）

例外

上限**5**年

❶ 高度の専門的知識等を有する者

❷ 満60歳以上の者

❸ 有期の建設工事等

3-20
「労働契約申込みみなし制度」とは何か

違法派遣が行なわれた場合に適用される制度

以下にあげるような、違法に労働者派遣が行なわれた場合は、派遣先から派遣労働者に対して、その時点の派遣労働者の労働条件と同じ労働条件を内容とする労働契約の申込み、つまり**直接雇用の申込みをしたもの**とみなされます。

この「**労働契約申込みみなし制度**」は、派遣先が違法派遣に該当することを知らず、かつ、知らなかったことに過失がなかったとき（善意無過失）は、適用されません。

- 労働者派遣の禁止業務に従事させた場合
- 派遣元が無許可で労働者派遣を行なっていた場合
- 事業所単位の期間制限に違反した場合
- 派遣労働者個人単位の期間制限に違反した場合
- いわゆる「偽装請負」等であった場合

派遣先が労働契約の申込みをしたとみなされた場合、みなされた日から１年以内に派遣労働者がこの申込みに対して承諾する旨の意思表示をすることにより、派遣先と派遣労働者との間の労働契約が成立します。

労働契約申込みみなし制度は、「申込みをみなす」ものであって、「雇用をみなす」ものではないので、派遣労働者が承諾しなかった場合には労働契約は成立しません。

なお、派遣元が派遣労働者に就業条件を明示する際には、この「労働契約申込みみなし制度」についても、あわせて明示する必要があります。

◎「労働契約申込みみなし制度」のしくみ◎

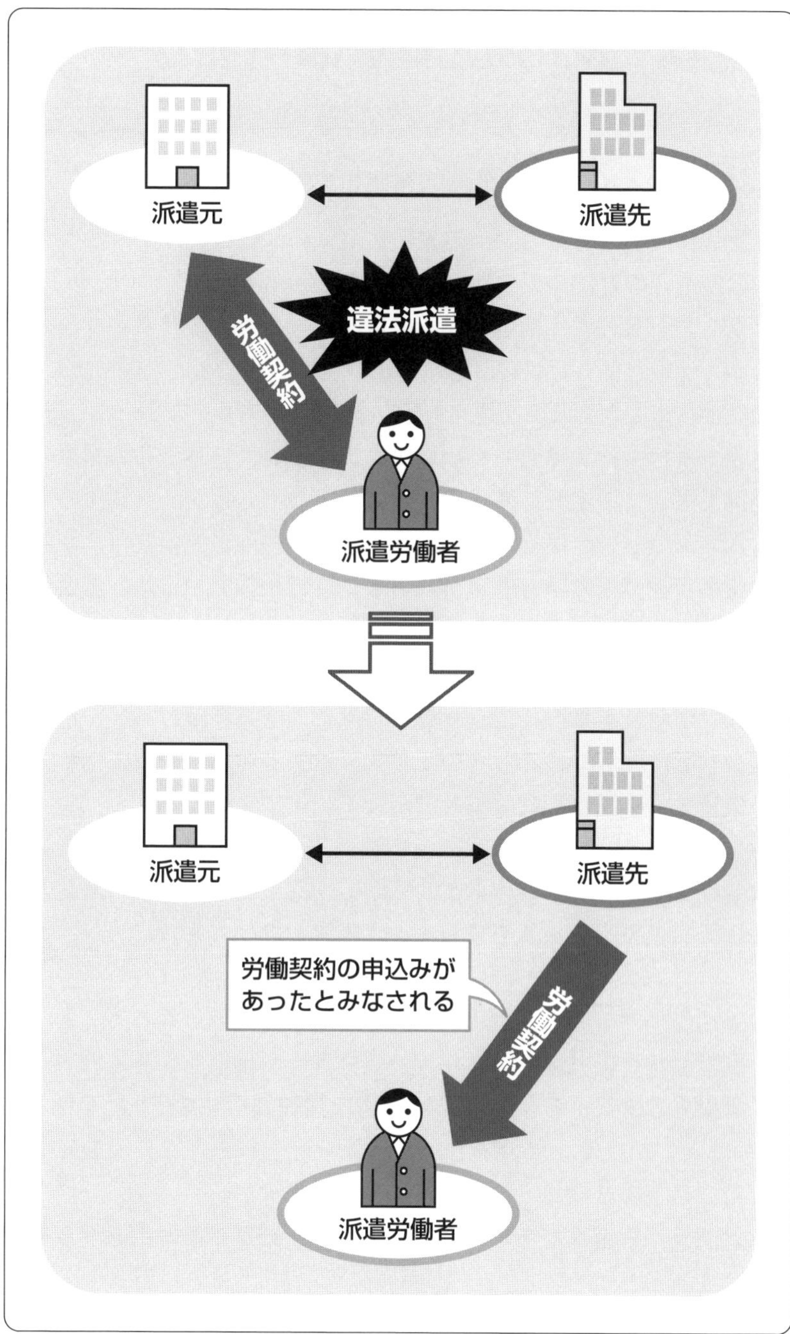

3-21

派遣契約の中途解除は可能か

中途解除について就業条件明示書に明示する

派遣先は、派遣労働者が派遣契約どおりに派遣されなかったケースなど、派遣元の責任による場合は**派遣契約を解除**することができます。

しかし、一般によく問題となるのは、思ったより業務量が少なかったとか、予定していたプロジェクトが早く終わったなどを理由として、派遣先が一方的な都合で契約を解除しようという場合です。この場合、派遣元が受ける損害は少なくないため、派遣先はあらかじめ**相当の猶予期間をもって派遣元に解除の申入れ**を行なう必要があります。

また、派遣契約の中途解除は、派遣労働者の地位を不安定にするため、労働者派遣法では、派遣契約および就労条件明示書に、派遣契約解除の場合の措置を明示することが義務づけられています。

さらに、派遣先は派遣労働者の国籍、信条、性別、社会的身分、派遣労働者が労働組合の正当な行為をしたこと等を理由として、労働者派遣契約を解除してはならないことも、労働者派遣法に規定されており、**派遣先の不当な契約解除を制限**しています。

厚生労働省の指針では、派遣先に対し、派遣労働者に帰すべき責任がないにもかかわらず、派遣契約を契約期間が満了する前に解約する場合は、次のような措置を講じるよう指導しています。

①派遣元に対しあらかじめ相当の期間を置いて申し入れること
②関連会社への就業あっせん等、就業機会の確保を図ること
③就業先の確保ができない場合、損害賠償等適切な措置をとること
(解除の30日前までの予告、または予告を行なわない場合は30日分以上の賃金相当額の損害賠償を行なう)
④派遣元から請求があったときは、解除を行なった理由を明らかにすること

◎派遣先の都合による派遣契約の解除のしくみ◎

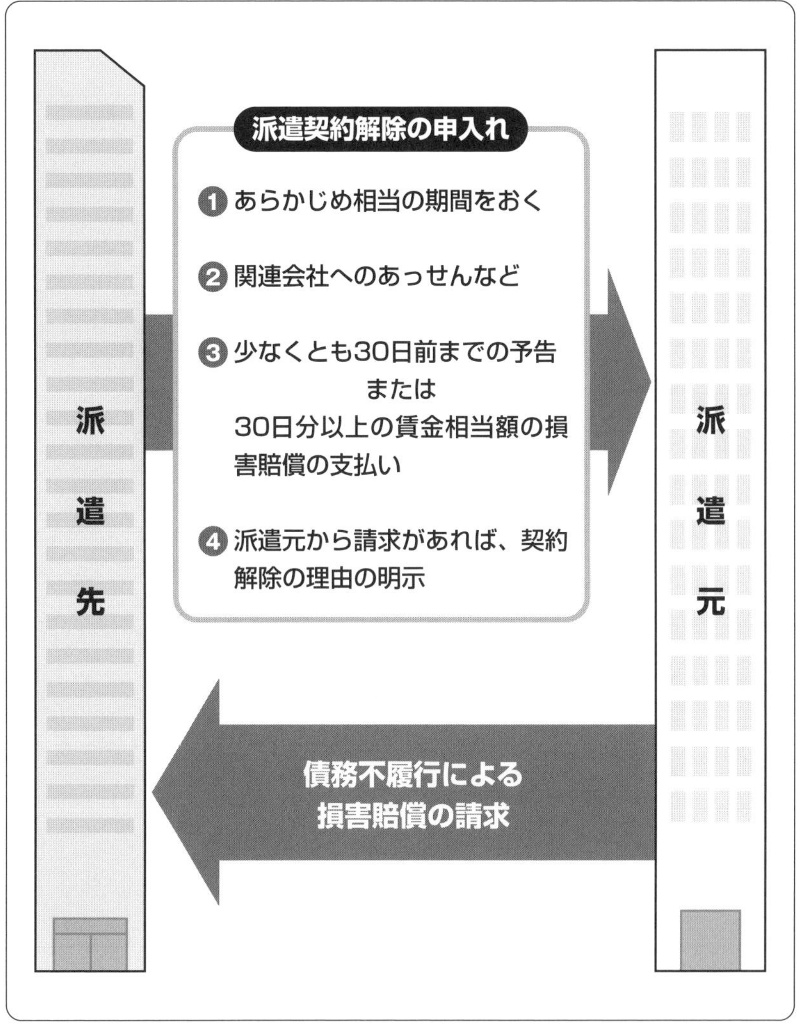

派遣先
派遣元
派遣契約解除の申入れ
❶ あらかじめ相当の期間をおく
❷ 関連会社へのあっせんなど
❸ 少なくとも30日前までの予告
または
30日分以上の賃金相当額の損害賠償の支払い
❹ 派遣元から請求があれば、契約解除の理由の明示
債務不履行による
損害賠償の請求

また、派遣契約の中途解除がただちに労働契約の解除に直結するわけではなく、派遣元と派遣労働者の間には労働契約が存続します。したがって、中途解除の理由が派遣先の都合によるものであったとしても、派遣元は新たな派遣先を探して就業させるまでの間は、派遣労働者に対して労働基準法にもとづく休業手当として、平均賃金の60％以上を支払わなければなりません。

3-22

派遣労働者の解雇は可能か

労働基準法の解雇予告、解雇予告手当の規定

派遣元（労働者派遣会社）は、派遣契約期間満了前の打ち切りに伴って、やむを得ず派遣労働者を**解雇**することも少なくありません。

労働基準法第20条では、労働者を解雇する場合、30日前の予告を義務づけ、また、解雇予告しない場合には平均賃金の30日分以上のいわゆる解雇予告手当を支払わなければならないこととなっています。

しかし、たとえば、横領・傷害等の刑法犯などの労働者の責に帰すべき事由による解雇で、労働基準監督署長の認定を受けた場合は、この労基法の規定によらずに即日解雇することができます。

ただし解雇は、労働者にとっては突然生活の糧を失うことになり、日常生活に多大な影響を被ることになるので簡単な話ではありません。

労働契約法の解雇権濫用法理の規定

解雇権は、使用者に与えられた権利ではありますが、労働契約法第16条において、「解雇は、客観的に合理的な理由を欠き、社会通念上相当であると認められない場合は、その権利を濫用したものとして、無効とする」という、**解雇権濫用**（らんよう）**法理**が規定されており、合理的な理由のない解雇を制限しています。

この合理的な理由は、使用者である派遣元が立証しなければならないので、就業規則等の諸規程の整備を行なうとともに、解雇事由をあらかじめ明確化しておく必要があります。

なお、合理的な解雇理由があったしても、業務上の傷病により休業する期間およびその後30日間、または女性労働者が産前産後により休業する期間およびその後30日間は、解雇することが制限されています。

契約期間の定めがある場合の注意点

登録型の派遣労働契約は、派遣契約期間に応じて期間の定めのある

◎派遣労働者の解雇に関する規定◎

1 解雇権濫用法理（労働契約法第16条）

解雇は、客観的に合理的な理由を欠き、社会通念上相当であると認められない場合は、その権利を濫用したものとして、無効とする。

2 解雇制限

- 業務上の傷病により休業する期間＋30日間
- 産前産後により休業する期間＋30日間

3 解雇予告

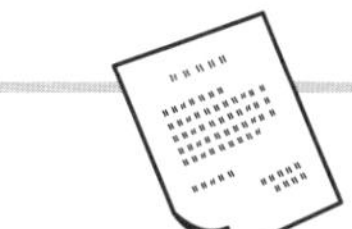

- 少なくとも30日以上前に予告
- 予告しない場合は、平均賃金の30日分の解雇予告手当の支払い

契約を締結するケースが多々見受けられます。契約期間の定めがある場合は、原則として、使用者はやむを得ない事由がなければ、契約期間の途中で有期契約労働者を辞めさせることができません。ここでいう、「やむを得ない事由」は、個別具体的に判断され、解雇権濫用法理よりもハードルは高いものとされています。

3-23

派遣元での特定有期雇用派遣労働者等の雇用安定措置

派遣労働者の継続雇用に対する義務、努力義務がある

有期雇用の派遣労働者は、派遣可能期間の制限により、その期間を過ぎた後に、次の派遣先がなく、仕事を失ってしまう可能性があります。そのため、派遣元は、同一の組織単位に継続して1年以上派遣される見込みがある派遣労働者（**特定有期雇用派遣労働者**）等に対して、派遣労働者が引き続き就業することを希望している場合には、派遣期間終了後にも派遣労働者の雇用が継続されるように、以下の①から④の措置を講ずる必要があります。

①派遣先への直接雇用の依頼
②新たな派遣先の提供（合理的なものに限る）
③派遣元による無期雇用
④その他安定した雇用継続が確実に図られると認められる措置

上記の適用は、派遣労働者の種類によって次のように取り扱われます。

- 同一の組織単位に継続して３年間派遣される見込みがある派遣労働者…①の措置を講じた結果、直接雇用に至らなかった場合に②～④のいずれかの措置を講じる義務
- 同一の組織単位に継続して１年以上３年未満派遣される見込みがある派遣労働者…①～④のいずれかの措置を講じる努力義務
- 派遣元に雇用された期間が通算１年以上の派遣労働者…②～④のいずれかの措置を講じる努力義務

なお、「派遣される見込み」とは、労働契約と労働者派遣契約の締結によって判断されるので、たとえば、１年単位で契約期間が更新されていて、２回目の更新をして契約期間が通算３年となったときには、「同一の組織単位に継続して１年以上３年未満派遣される見込みがあ

◎特定有期雇用派遣労働者等の雇用安定措置の対象者◎

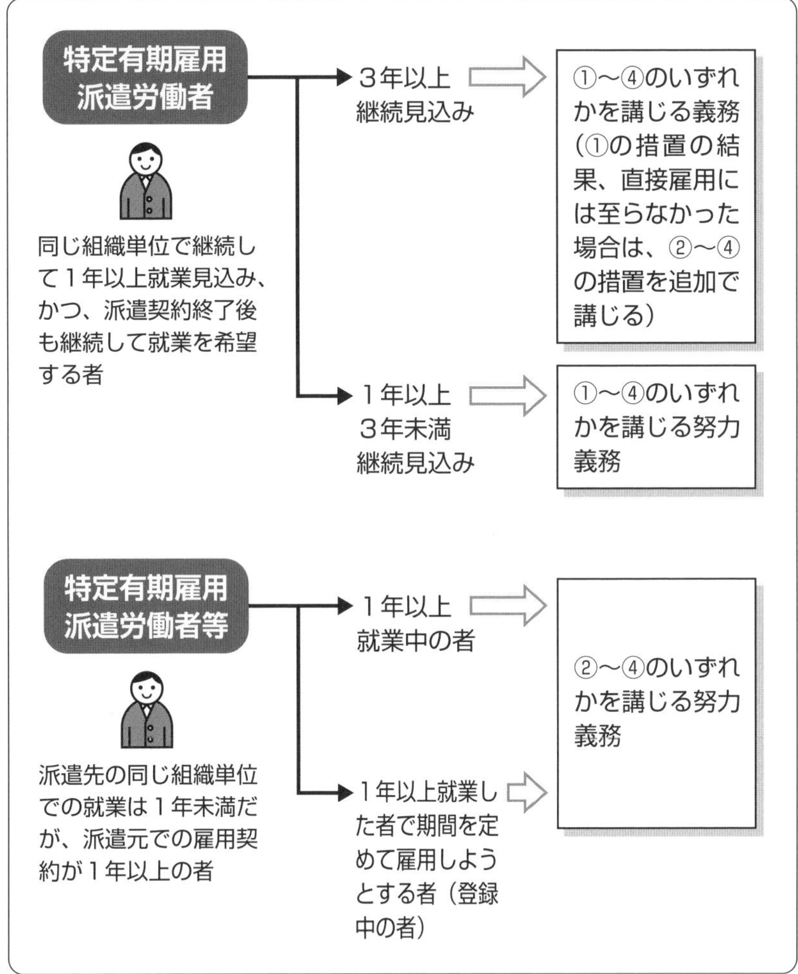
特定有期雇用
派遣労働者
同じ組織単位で継続して1年以上就業見込み、かつ、派遣契約終了後も継続して就業を希望する者
3年以上
継続見込み
①～④のいずれかを講じる義務（①の措置の結果、直接雇用には至らなかった場合は、②～④の措置を追加で講じる）
1年以上
3年未満
継続見込み
①～④のいずれかを講じる努力義務
特定有期雇用
派遣労働者等
派遣先の同じ組織単位での就業は1年未満だが、派遣元での雇用契約が1年以上の者
1年以上
就業中の者
1年以上就業した者で期間を定めて雇用しようとする者（登録中の者）
②～④のいずれかを講じる努力義務

る派遣労働者」となります。

また、派遣労働者を義務対象者としないように、故意に同一の組織単位への派遣期間を3年未満とすることは、脱法行為として義務違反と判断される可能性があります。

さらに、雇用安定措置を講ずるにあたって、派遣労働者の希望する措置の内容を聴取し、その聴取結果を派遣元管理台帳に記載する必要があります。

3-24

派遣先での特定有期雇用派遣労働者の雇用等

特定有期雇用派遣労働者の雇用安定措置とは

派遣労働者の派遣就業への望まない固定化を防止するため、派遣労働者個人単位の期間制限が設けられていますが、これにより、派遣可能期間の上限に達した派遣労働者は派遣先を失い、失職してしまう可能性があります。そのため、派遣先は、派遣元から**雇用安定措置**として直接雇用の依頼を受けた場合は、**可能な限り雇用する等の責務を果たす**必要があります。

以下の①から③までのすべてに該当する場合、派遣先はその特定有期雇用派遣労働者を遅滞なく雇い入れるよう努めなければなりません。

①派遣先の事業所等の組織単位ごとの同一の業務について１年以上継続して特定有期雇用派遣労働者が派遣労働に従事したこと

②引き続き同一の業務に労働者を従事させるため、派遣の受入期間以後、労働者を雇い入れようとすること

③特定有期雇用派遣労働者について派遣元事業主から雇用安定措置の１つとして直接雇用の依頼があったこと

また、直接雇用依頼の対象の特定有期雇用派遣労働者で、継続して就業することを希望している派遣労働者のうち、派遣先の同一組織単位で３年間継続就労した派遣労働者に対して、派遣先は**自社の求人情報を提供**しなくてはなりません。

特定有期雇用派遣労働者の正社員化を推進する

派遣先は、その事業所、その他派遣就業の場所において、正社員を募集する場合、当該募集情報を派遣先事業所において１年以上就業している派遣労働者に周知しなければなりません。

これは、派遣労働者が正社員での直接雇用を希望していることがあるため、それらの派遣労働者に雇用機会を提供するためのものです。

◎特定有期雇用派遣労働者等に対する雇用安定措置◎

①派遣先の同一の組織単位の同一の業務について、１年以上継続して、有期雇用の派遣労働者が従事

②派遣先が、派遣受入れ期間終了後に、引き続き、その同一組織単位の同一業務に従事させるために労働者を雇用しようとすること

③上記①の派遣労働者が、継続して就業を希望し、派遣元から派遣法にもとづく雇用安定措置の１つとして直接雇用の依頼があったこと

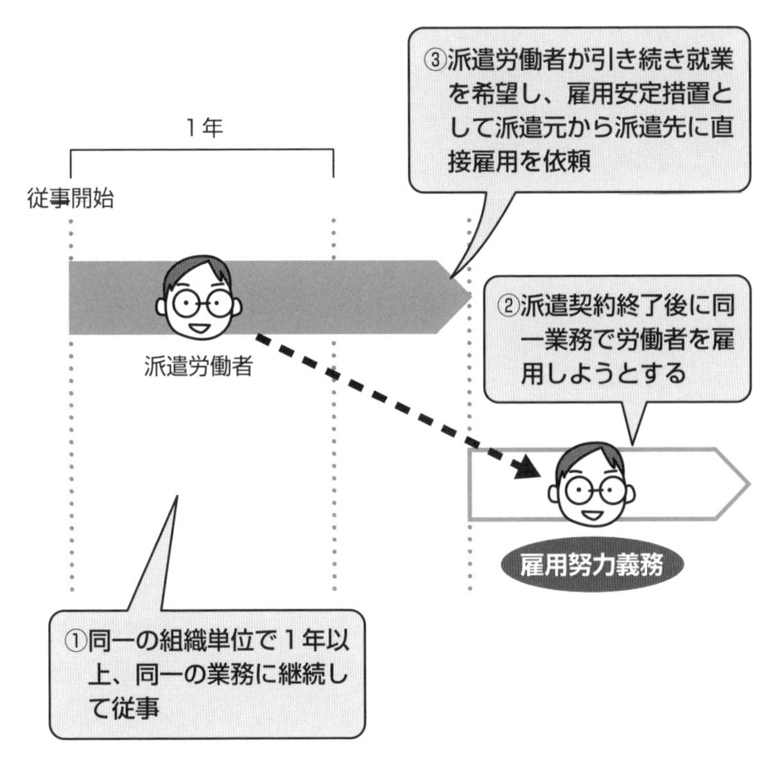
③派遣労働者が引き続き就業を希望し、雇用安定措置として派遣元から派遣先に直接雇用を依頼
１年
従事開始
派遣労働者
②派遣契約終了後に同一業務で労働者を雇用しようとする
雇用努力義務
①同一の組織単位で１年以上、同一の業務に継続して従事

3-25

派遣労働者に対するキャリアアップ措置とは

派遣元には教育訓練の実施が義務づけられている

一般的に、派遣労働者は正社員に比べ、教育訓練の受講機会等が少ない状況です。そこで、派遣労働者のキャリアアップを図るため、派遣元に対して、**段階的かつ体系的な教育訓練の実施**が義務づけられています。

教育訓練の実施は、以下の要件を満たす**教育訓練計画**を作成したうえで、行なう必要があります。

①雇用する派遣労働者全員を対象とするものであること
②有給かつ無償で行なわれるものであること
③派遣労働者のキャリアアップに資する内容のものであること
④入職時の教育訓練が含まれたものであること
⑤無期雇用の派遣労働者に対しては、長期的なキャリア形成を念頭に置いた内容のものであること

上記④の入職時の教育訓練の後も、キャリアの節目等一定の期間ごとにキャリアパスに応じた訓練を準備する必要があります。

また、派遣労働者のステップアップのためには、派遣労働者の意向に沿って、適切な派遣先の選択や必要な資格取得等についての知識を付与することが必要です。そのため、派遣元は、希望する派遣労働者に対して**キャリア・コンサルティング**を実施しなくてはなりません。

キャリア・コンサルティングの実施にあたっては、キャリア・コンサルティングの知見を有する人を相談窓口とすることが求められます。必ずしも有資格者である必要はありませんが、キャリア・コンサルティングの経験が必要とされ、また、外部のキャリア・コンサルタントに委嘱して対応することもできます。

なお、雇用安定措置の実施に際しては、キャリア・コンサルティングの結果を踏まえて行なうことが望ましいでしょう。

◎段階的かつ体系的な教育訓練◎

教育訓練計画の策定
- 許可申請・許可更新申請に必要
- キャリアアップに資する内容とする

教育訓練の内容の周知
- 派遣労働者に周知
- 教育内容がわかる情報をインターネット等で提供

入職時の教育訓練
- 労働契約締結時までに計画を派遣労働者として雇用するものに明示
- 日雇い派遣労働者も対象

入職後
- 最初の３年間は１人あたり少なくとも１回以上の機会の提供

（※）　１年以上の雇用見込みがあるフルタイム勤務者の場合、毎年８時間以上の訓練機会を提供（短時間勤務者の場合は時間比例で提供）

（※）　過去に同じ内容の訓練を受けた者、訓練内容に関する能力を十分に有していることが明確な者については、受講済みとしてよい

3-26

派遣労働者の同一労働・同一賃金①
原則と派遣先均等・均衡方式

派遣労働者の同一労働・同一賃金

2020年４月から派遣労働者と派遣先に雇用される通常の労働者（無期雇用フルタイム労働者）の不合理な待遇差を解消するため、次のいずれかの方式により、派遣労働者の待遇を確保することが義務づけられました。

①**派遣先均等・均衡方式**（派遣先の通常の労働者との均等・均衡待遇の確保）

②**労使協定方式**（一定の要件を満たす労使協定による待遇の確保）

均等・均衡待遇の原則

派遣元会社は、派遣労働者の職務の内容と人材活用のしくみ（職務の内容および配置変更の範囲）の違いに応じて、均等・均衡待遇の実現を図る必要があります。

均等待遇とは

派遣元は以下のいずれの条件にも合致する派遣労働者については、正当な理由なく、基本給、賞与その他の待遇のそれぞれについて、派遣先に雇用される通常の労働者と比べて不利益なものにしてはなりません。

- 職務の内容が派遣先に雇用される通常の労働者と同一
- 労働者派遣契約および派遣先の雇用慣行その他の事情からみて、派遣先の派遣就業が終了するまでの全期間において、派遣労働者の職務の内容および配置が派遣先に雇用される通常の労働者の職務の内容および配置変更の範囲と同一の範囲で変更されることが見込まれる

◎派遣労働者の同一労働・同一賃金とは◎

派遣労働者の賃金額の決定

派遣元は、「自ら雇用する派遣労働者」と「派遣先に雇用される労働者」の均等・均衡待遇の実現を図らなければならない

そのためには…

派遣先均等・均衡方式	**労使協定方式**
派遣先の通常の労働者との均等・均衡待遇の確保	一定の要件を満たす労使協定による待遇の確保

3-27

派遣労働者の同一労働・同一賃金②派遣先均等・均衡方式

均衡待遇とは

派遣元会社は、派遣労働者の待遇について、派遣先に雇用される通常の労働者と不合理と認められる相違を設けてはなりませんが、この不合理の有無は、基本給、賞与その他の待遇のそれぞれについて、以下の事情を考慮して判断する必要があります。

- 派遣労働者および通常の労働者の職務の内容
- 派遣労働者および通常の労働者の職務内容・配置の変更範囲
- その他の事情

派遣元は、次の情報にもとづいて、均衡確保のための措置を講じます。

①労働者派遣契約の締結にあたって、あらかじめ派遣先から提供される比較対象労働者の待遇等に関する情報
（派遣先は、労働者派遣契約締結時に一定の情報の提供が義務づけられており、その情報にもとづき、派遣元は派遣労働者の待遇を決定する）

②比較対象労働者の待遇等に関する情報に変更があった場合に、派遣先から提供される比較対象労働者の待遇に関する情報

③派遣元の求めに応じて派遣先から提供される、派遣先に雇用される労働者に関する情報、派遣労働者の業務の遂行状況等

均等・均衡待遇の原則となる考え方

派遣労働者と派遣先の通常の労働者との間に待遇の相違が存在する場合に、いかなる待遇の相違が不合理と認められるものであり、いかなる待遇の相違が不合理と認められるものでないのか等の原則となる考え方および具体例を待遇ごとに示した「短時間・有期雇用労働者及び派遣労働者に対する不合理な待遇の禁止等に関する指針」（同一労働同一賃金ガイドライン）にもとづく対応が必要です。

◎派遣先均等・均衡方式のしくみ◎

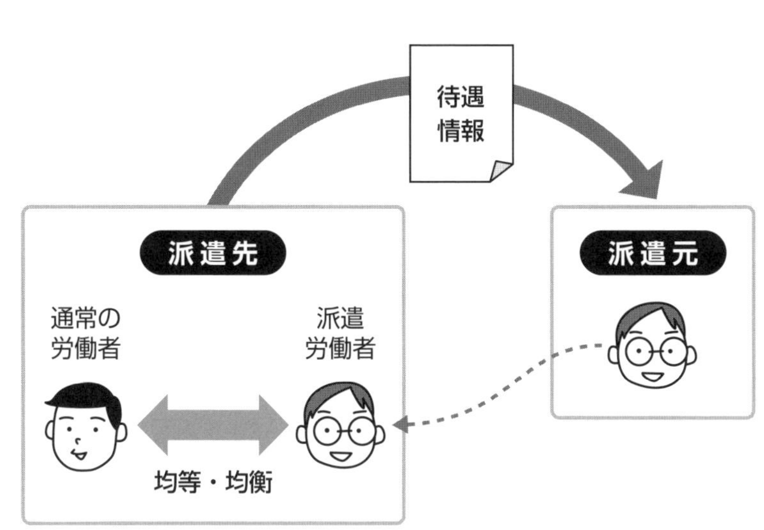

均等待遇	職務の内容（業務の内容、責任の程度）、職務内容・配置の変更範囲が同じ場合には差別的取扱いを禁止
均衡待遇	職務の内容（業務の内容、責任の程度）、職務内容・配置の変更範囲、その他の事情の相違を考慮して不合理な待遇差を禁止

派遣料金は、派遣労働者の賃金も含めた待遇改善にとって重要です！
派遣元は、派遣料金を交渉する際には、十分に留意しましょう。

3-28

派遣労働者の同一労働・同一賃金③ 労使協定方式

労使協定方式による特例

派遣元会社が、過半数労働組合（ないときは労働者の過半数代表者）と労使協定により、派遣労働者の待遇についての一定事項を定めたときは、「派遣先均等・均衡方式」は適用されません。なお、労使協定で待遇を定められた派遣労働者を「**協定対象派遣労働者**」といいます。

この労使協定は、①書面の交付、②ファクシミリ・電子メールによる送信（本人が希望する場合）、③パソコン等による閲覧を可能とする、いずれかの方法により周知する必要があります。派遣元に掲示・備え付けることで周知する場合には、あわせて①または②により概要を通知しなければなりません。なお、この労使協定は、有効期間が終了した日から起算して３年間保存しなければなりません。

また、労使協定を締結した派遣元会社は、毎年度、６月30日までに提出する事業報告書に労使協定を添付するとともに、協定対象派遣労働者の職種ごとの人数や賃金額の平均額を報告します。

労使協定に記載する事項は次のとおりです。

- 労使協定の対象となる派遣労働者の範囲
- 賃金の決定方法（次の①および②に該当するものに限る）
  - ①派遣労働者が従事する業務と同種の業務に従事する一般労働者の平均的な賃金の額と同等以上の賃金額となるもの
  - ②派遣労働者の職務の内容、成果、意欲、能力または経験等の向上があった場合に賃金が改善されるもの
- 派遣労働者の職務の内容、成果、意欲、能力または経験等を公正に評価して賃金を決定すること
- 「労使協定の対象とならない待遇（教育訓練や福利厚生施設）および賃金」を除く待遇の決定方法（派遣元に雇用される通常の労働者との間で不合理な相違がないものに限る）
- 派遣労働者に対して段階的・計画的な教育訓練を実施すること

◎労使協定方式のしくみ◎

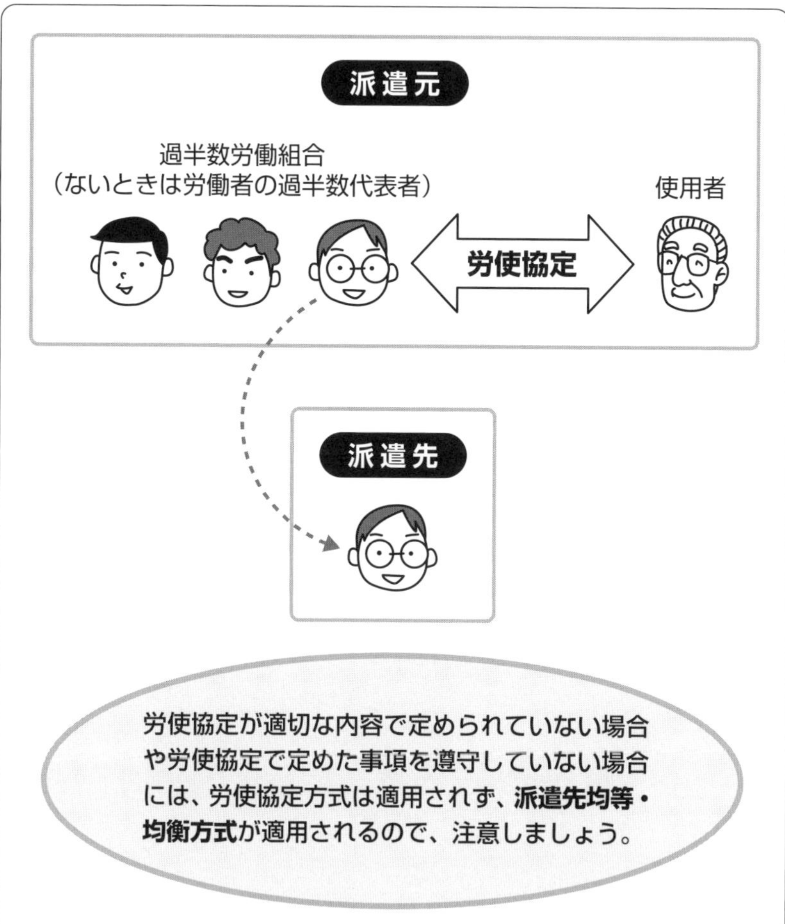

●その他の事項

・有効期間（２年以内が望ましい）

・労使協定の対象となる派遣労働者の範囲を派遣労働者の一部に限定する場合は、その理由

・特段の事情がない限り、一つの労働契約の期間中に派遣先の変更を理由として、協定の対象となる派遣労働者であるか否かを変えようとしないこと

なお、労使協定のモデル例は、次ページ以下を参照してください。

◎労働者派遣法第30条の４第１項の規定に基づく労使協定のモデル例◎

労働者派遣法第30条の４第１項の規定に基づく労使協定

アニモ人材サービス株式会社（以下「甲」という）とアニモ人材サービス労働組合（以下「乙」という）は、労働者派遣法第30条の４第１項の規定に関し、次のとおり協定する。

（対象となる派遣労働者の範囲）
第１条　本協定は、派遣先でプログラマーの業務に従事する従業員（以下「対象従業員」という）に適用する。
２　対象従業員については、派遣先が変更される頻度が高いことから、中長期的なキャリア形成を行ない所得の不安定化を防ぐ等のため、本労使協定の対象とする。
３　甲は、対象従業員について、一の労働契約の契約期間中に、特段の事情がない限り、本協定の適用を除外しないものとする。

（賃金の構成）
第２条　対象従業員の賃金は、基本給、賞与、時間外労働手当、深夜・休日労働手当、通勤手当および退職手当とする。

（賃金の決定方法）
第３条　対象従業員の基本給および賞与の比較対象となる「同種の業務に従事する一般の労働者の平均的な賃金の額」は、次の各号に掲げる条件を満たした別表１の「２」のとおりとする。
（１）比較対象となる同種の業務に従事する一般の労働者の職種は、○年○月○日職発○第○号「○年度の『労働者派遣事業の適正な運営の確保及び派遣労働者の保護等に関する法律第30条の４第１項第２号イに定める「同種の業務に従事する一般の労働者の平均的な賃金の額」』等について」（以下「通達」という）に定める「○年賃金構造基本統計調査」（厚生労働省）の「プログラマー」とする。
（２）通勤手当については、基本給および賞与とは分離し実費支給とし、

第６条のとおりとする。

（３）地域調整については、就業地が東京都内に限られることから、通達に定める「地域指数」の「東京都」を用いるものとする。

一つの労使協定で、都道府県内の指数および公共職業安定所管轄地域の指数を使い分ける場合には、その理由を労使協定に記載します。また、一つの労使協定で、複数の地域において就業することが想定され、複数の一般賃金との比較が必要な場合は、最も高い地域指数を乗じた一般賃金額と、協定対象派遣労働者の賃金額を比べる方法でも差し支えありません。

（基本給および賞与）

第４条　対象従業員の基本給および賞与は、次の各号に掲げる条件を満たした別表２のとおりとする。

（１）別表１の同種の業務に従事する一般の労働者の平均的な賃金の額と同額以上であること

（２）別表２の各等級の職務と別表１の同種の業務に従事する一般の労働者の平均的な賃金の額との対応関係は次のとおりとすること

Aランク：10年

Bランク：３年

Cランク：０年

２　甲は、第９条の規定による対象従業員の勤務評価の結果、同じ職務の内容であったとしても、その経験の蓄積・能力の向上があると認められた場合には、基本給額の１～３％の範囲で能力手当を支払うこととする。

また、より高い等級の職務を遂行する能力があると認められた場合には、その能力に応じた派遣就業の機会を提示するものとする。

（時間外労働手当、深夜・休日労働手当）

第５条　対象従業員の時間外労働手当、深夜・休日労働手当は、社員就業規則第30条に準じて、法律の定めに従って支給する。

（通勤手当）

第６条　対象従業員の通勤手当は、通勤に要する実費に相当する額を支給する。

（退職手当の支給）
第７条　対象従業員の退職手当の比較対象となる「同種の業務に従事する一般の労働者の平均的な賃金の額」は、次の各号に掲げる条件を満たした別表３のとおりとする。
（１）退職手当の受給に必要な最低勤続年数
通達に定める「○年中小企業の賃金・退職金事情」（東京都）の「退職一時金受給のための最低勤続年数」において、最も回答割合の高かったもの（自己都合退職および会社都合退職のいずれも３年）
（２）退職時の勤続年数ごと（３年、５年、10年、15年、20年、25年、30年、33年）の支給月数
「○年中小企業の賃金・退職金事情」の大学卒の場合の支給率（月数）に、同調査において退職手当制度があると回答した企業の割合をかけた数値として通達に定めるもの

（退職手当の額）
第８条　対象従業員の退職手当は、次の各号に掲げる条件を満たした別表４のとおりとする。ただし、退職手当制度を開始した20△△年以前の勤続年数の取扱いについては、労使で協議して別途定める。
（１）別表３に示したものと比べて、退職手当の受給に必要な最低勤続年数が同年数以下であること
（２）別表３に示したものと比べて、退職時の勤続年数ごとの退職手当の支給月数が同月数以上であること

（賃金の決定に当たっての評価）
第９条　賞与の決定は、半期ごとに行なう勤務評価を活用する。勤務評価の方法は社員就業規則第40条に定める方法を準用し、その評価結果に基づき、別表２の備考１のとおり、賞与額を決定する。

（賃金以外の待遇）
第10条　教育訓練（次条に定めるものを除く）、福利厚生その他の賃金以外の待遇については正社員と同一とし、社員就業規則第50条から第55条までの規定を準用する。

（教育訓練）

第11条　労働者派遣法第30条の２に規定する教育訓練については、労働者派遣法に基づき別途定める「アニモ人材サービス 教育訓練実施計画」に従って、着実に実施する。

（その他）

第12条　本協定に定めのない事項については、別途、労使で誠実に協議する。

（有効期間）

第13条　本協定の有効期間は、20△△年４月１日から20△□年３月31日までの○年間とする。

20△△年４月１日

甲　取締役人事部長　河合　蒼　印

乙　執行委員長　　　武田　広　印

労使協定の有効期間中に一般賃金の額が変更された場合には、有効期間中であっても、労使協定に定める派遣労働者の賃金の額が一般賃金の額と同等以上の額であるか否か確認することが必要です。その結果、派遣労働者の賃金の額が次年度の一般賃金の額と同等以上の額でない場合には、労使協定に定める賃金の決定方法を変更するために労使協定を締結し直さなければなりません。派遣労働者の賃金の額が次年度の一般賃金の額と同等以上の額である場合には、派遣元が、同等以上の額であることを確認した旨の書面を労使協定に添付することで差し支えありません。

＜別表１＞

同種の業務に従事する一般の労働者の平均的な賃金の額
（基本給および賞与の関係）

			基準値および基準値に能力・経験調整指数を乗じた値						
			０年	１年	２年	３年	５年	10年	20年
1	プログラマー	通達に定める賃金構造基本統計調査	○	○	○	○	○	○	○
2	地域調整	（東京都）○	○	○	○	○	○	○	○

賃金構造基本統計調査または職業安定業務統計の対応する職種について、基準値および基準値に能力・経験調整指数を乗じた値別の数値を記載します。

「派遣先の事業所その他派遣就業の場所」に応じて、通達に定める地域指数を乗じた数値を記載します。

＜別表２＞

対象従業員の基本給および賞与の額

派遣労働者の基本給および各種手当（賞与、超過勤務手当、通勤手当（分離して比較する場合）および退職手当を除く）の合計を時給換算したものを記載。勤務評価の結果、その経験の蓄積・能力の向上があると認められた場合に別途手当を加算する場合は、その旨を記載します。また、基本給・賞与額等に固定残業代を含める場合は、労使で合意した時間分の固定残業代の額を記載します。

賞与額は半期ごとの支給であったとしても時給換算したものを記載します。

等級	職務の内容	基本給額	賞与額	合計額		対応する一般の労働者の平均的な賃金の額	対応する一般の労働者の能力・経験
Aランク	上級プログラマー（AI関係等高度なプログラム言語を用いた開発）	○～	○	○		○	10年
Bランク	中級プログラマー（Webアプリ作成等の中程度の難易度の開発）	○～	○	○	≧	○	３年
Cランク	初級プログラマー（Excelのマクロ等、簡易なプログラム言語を用いた開発）	○～	○	○		○	０年

基本給額と賞与額・手当等の合計額を記載。この合計額が対応する同種の業務に従事する一般の労働者の平均的な賃金の額と同額以上になっていることを確認します。

それぞれの等級の職務の内容が何年の能力・経験に相当するかの対応関係を労使で定め、それに応じた同種の業務に従事する一般の労働者の平均的な賃金の額を記載します。

（備考）

1　賞与については、半期ごとの勤務評価の結果により、A評価（標準より優秀）であれば基本給額の25％相当、B評価（標準）であれば基本給額の20％相当、C評価（標準より物足りない）であれば基本給額の15％相当を支給する。

2　未だ勤務評価を実施していない対象従業員については、C評価（標準より物足りない）とみなして支給する。

3　同種の業務に従事する一般の労働者の平均的な賃金の額と比較するに当たっては、月給を月の所定労働時間数で除して時給換算した額より比較するものとする。

4　同種の業務に従事する一般の労働者の平均的な賃金の額と比較するに当たっては、賞与額は標準的な評価であるB評価の場合の額により比較するものとする。

＜別表３＞

同種の業務に従事する一般の労働者の平均的な賃金の額
（退職手当の関係）

勤続年数		3年	5年	10年	15年	20年	25年	30年	33年
支給率（月数）	自己都合退職	○	○	○	○	○	○	○	○
	会社都合退職	○	○	○	○	○	○	○	○

（資料出所）「○年中小企業の賃金・退職金事情」（東京都）における退職金の支給率（モデル退職金・大学卒）に、同調査において退職手当制度があると回答した企業の割合（○％）をかけた数値として通達で定めたもの

＜別表４＞

対象従業員の退職手当の額

勤続年数		３年以上５年未満	５年以上10年未満	10年以上15年未満	15年以上25年未満	25年以上35年未満
支給月数	自己都合退職	○	○	○	○	○
	会社都合退職	○	○	○	○	○

≧

別表３（再掲）

勤続年数		3年	5年	10年	15年	20年	25年	30年	33年
支給率（月数）	自己都合退職	○	○	○	○	○	○	○	○
	会社都合退職	○	○	○	○	○	○	○	○

（備考）

1　同種の業務に従事する一般の労働者の平均的な賃金の額と比較するに当たっては、退職手当額は、支給総額を所定内賃金で除して算出することとする。

2　退職手当の受給に必要な最低勤続年数は３年とし、退職時の勤続年数が３年未満の場合は支給しない。

3-29

派遣労働者の同一労働・同一賃金④ 労使協定方式による賃金

賃金はどのように決めるか

労使協定の対象となる派遣労働者の賃金には、基本給、手当、賞与(特別給与)、退職金が含まれます（時間外勤務手当、深夜勤務手当、休日勤務手当等は除きます)。

この賃金は、以下の２つの基準を満たす必要があります。

①派遣労働者が従事する業務と同種の業務に従事する一般労働者の平均的な賃金額（一般賃金）と同等以上となること

②派遣労働者の職務の内容、成果、意欲、能力または経験等の向上があった場合には、通勤手当等を除く職務に密接に関連する賃金が改善されること

上記①の一般賃金は、派遣労働者の賃金の比較対象であり、具体的には、以下のとおりです。

- 派遣先事業所等の派遣就業場所の所在地域において、
- 派遣労働者の従事する業務と同種の業務に従事する一般労働者であって、
- 当該派遣労働者と（同種の業務をする上で必要となる）同程度の能力および経験を有する者の平均的な賃金額

つまり、「同様の地域」「同種の業務」「同程度の能力・経験」の３つの要素を加味した一般労働者の賃金です。その具体的な内容は、毎年発出される職業安定局長通達に示されます。

一般賃金にはすべての賃金が含まれますが、このうち通勤手当および退職金については、その他の賃金と分離して比較することを可能としているため、以下の３種類に分けて考えます。

①基本給・手当・賞与等

②通勤手当

③退職金

◎一般賃金のイメージ◎

基本給・手当・賞与等	●毎月の基本給・諸手当（家族手当、役職手当等）に賞与相当分を上乗せ ●局長通達で示される額と比較
通勤手当	●実費支給 ●定額支給
退職金	●退職金制度にもとづいて退職金を支給する方法の場合は、局長通達で示される一般退職金の受給に必要な所要年数、支給月数、支給額等の制度に関する統計と比較 ●退職金の費用を毎月の賃金等で前払いする方法の場合は、局長通達で示される一般退職金の費用と比較 ●中小企業退職金共済制度や確定拠出年金等に加入する方法の場合は、局長通達で示される一般退職金の退職費用の水準以上の掛金額で加入する場合は、一般退職金と同等以上

3-30

派遣労働者の同一労働・同一賃金⑤ 待遇の決定の流れ

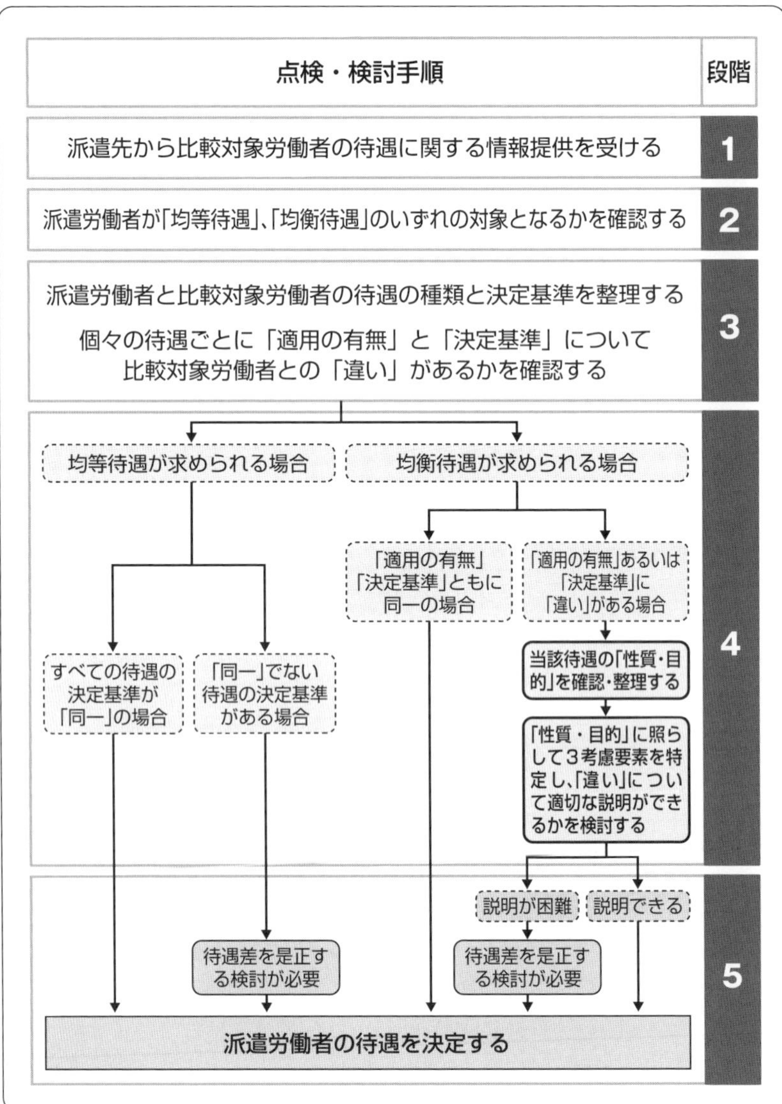

待遇の決定の流れについては、「派遣先均等・均衡方式」は前ページの図、「労使協定方式」は下図の点検・検討手順を参考にしてください（厚生労働省「不合理な待遇差解消のための点検・検討マニュアル」より）。

◎労使協定方式◎

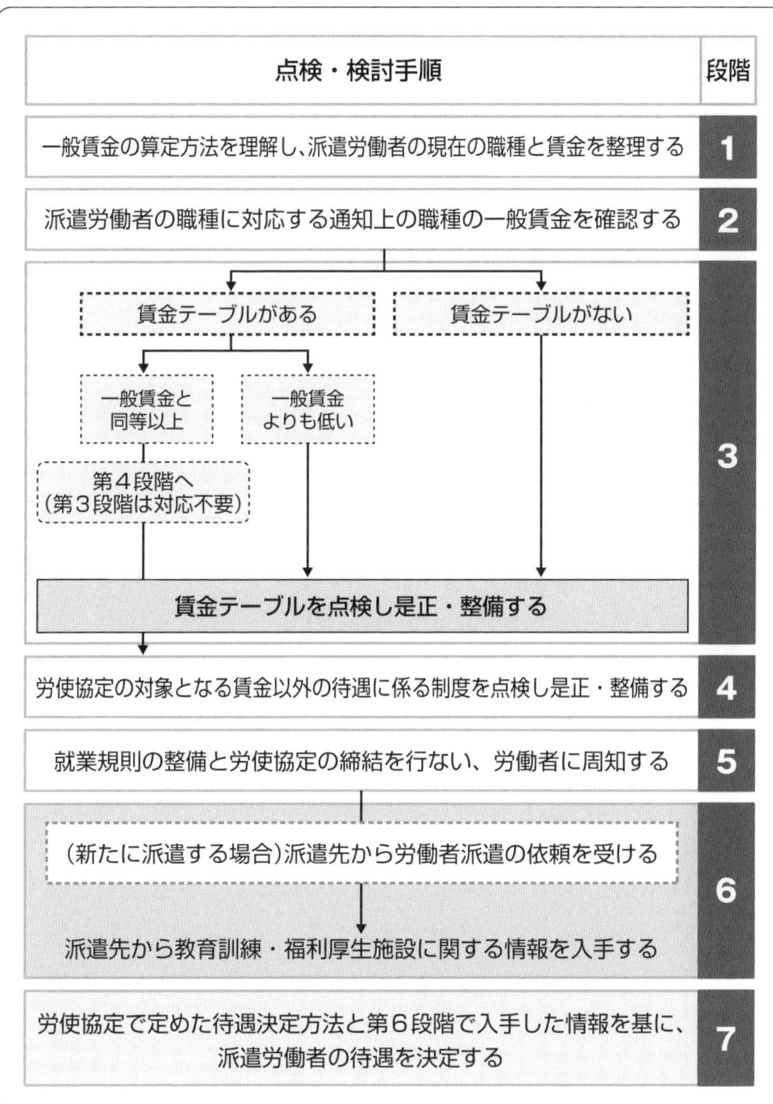

点検・検討手順
段階
一般賃金の算定方法を理解し、派遣労働者の現在の職種と賃金を整理する
1
派遣労働者の職種に対応する通知上の職種の一般賃金を確認する
2
賃金テーブルがある
賃金テーブルがない
一般賃金と同等以上
一般賃金よりも低い
第４段階へ（第３段階は対応不要）
賃金テーブルを点検し是正・整備する
3
労使協定の対象となる賃金以外の待遇に係る制度を点検し是正・整備する
4
就業規則の整備と労使協定の締結を行ない、労働者に周知する
5
（新たに派遣する場合）派遣先から労働者派遣の依頼を受ける
派遣先から教育訓練・福利厚生施設に関する情報を入手する
6
労使協定で定めた待遇決定方法と第６段階で入手した情報を基に、派遣労働者の待遇を決定する
7

3-31

派遣元による マージン率等の情報提供

派遣労働者に対して必要な情報提供とは

派遣元事業主は、透明性を確保し、派遣労働者による派遣元事業主の適切な選択や派遣労働者の待遇改善のため、以下の情報をあらかじめ情報提供する必要があります。

①派遣労働者の数
②労働者派遣の役務の提供を受けた者の数
③労働者派遣に関する料金の額の平均額
④派遣労働者の賃金の額の平均額
⑤マージン率
⑥労使協定方式によるか否かの別
⑦派遣労働者のキャリア形成支援制度に関する事項

これらの情報は、事業所への書類の備え付け、インターネットの利用、パンフレットの作成、人材サービス総合サイトの活用等、その他の適切な方法により提供する必要があります。

なお、「派遣労働者の数」等については、直近の数を提供することが望ましいとされていますが、直近の「６月１日現在の状況報告」で報告した数でも差し支えないことになっています。ただし、少なくとも、事業年度の終了後に、可能な限り速やかに前年度分の実績を公表する必要があります。

マージンには、派遣元が負担する社会保険料、労働保険料、福利厚生費や教育訓練費なども含まれているので、マージン率は低いほどよいというわけではなく、その他の情報と組み合わせて総合的に評価することが重要です。

なお、常時インターネットの利用により提供することが原則とされます。

◎派遣労働者のマージンとマージン率◎

マージンとは

派遣料金	
派遣労働者の賃金	マージン

マージン率の算出方法

マージン率は、労働者派遣事業を行なう事業所ごとの毎事業年度の労働者派遣に関する料金の額の平均額（派遣労働者１人１日＝８時間当たりの労働者派遣に関する料金の平均額）から、派遣労働者の賃金の額の平均額（派遣労働者１人１日＝８時間当たりの派遣労働者の賃金の額の平均額）を控除した額を、その労働者派遣に関する料金の平均額で除すことによって算出します（小数点以下四捨五入）。

$$\text{マージン率} = \frac{\boxed{\text{派遣料金の平均額}} - \boxed{\text{派遣労働者の賃金の平均額}}}{\boxed{\text{派遣料金の平均額}}}$$

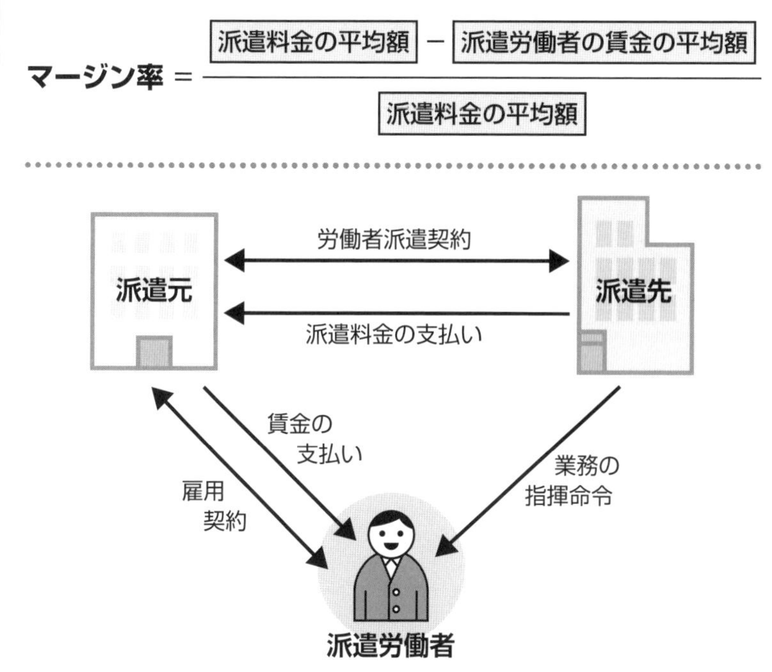

3-32
労働者派遣を行なうときの手続きの流れ

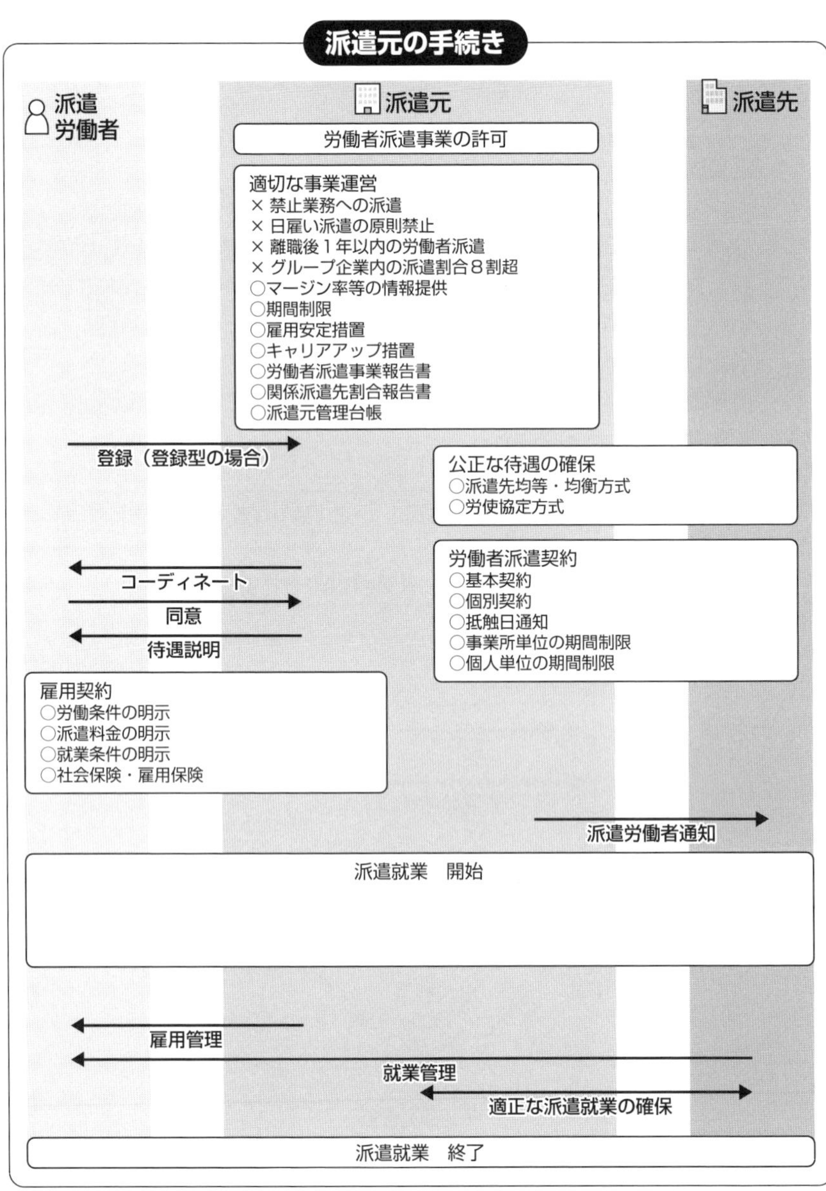

労働者派遣を行なうときの手続きの流れを、派遣元、派遣先に分けてフローチャートにしてみましたので参考にしてください。

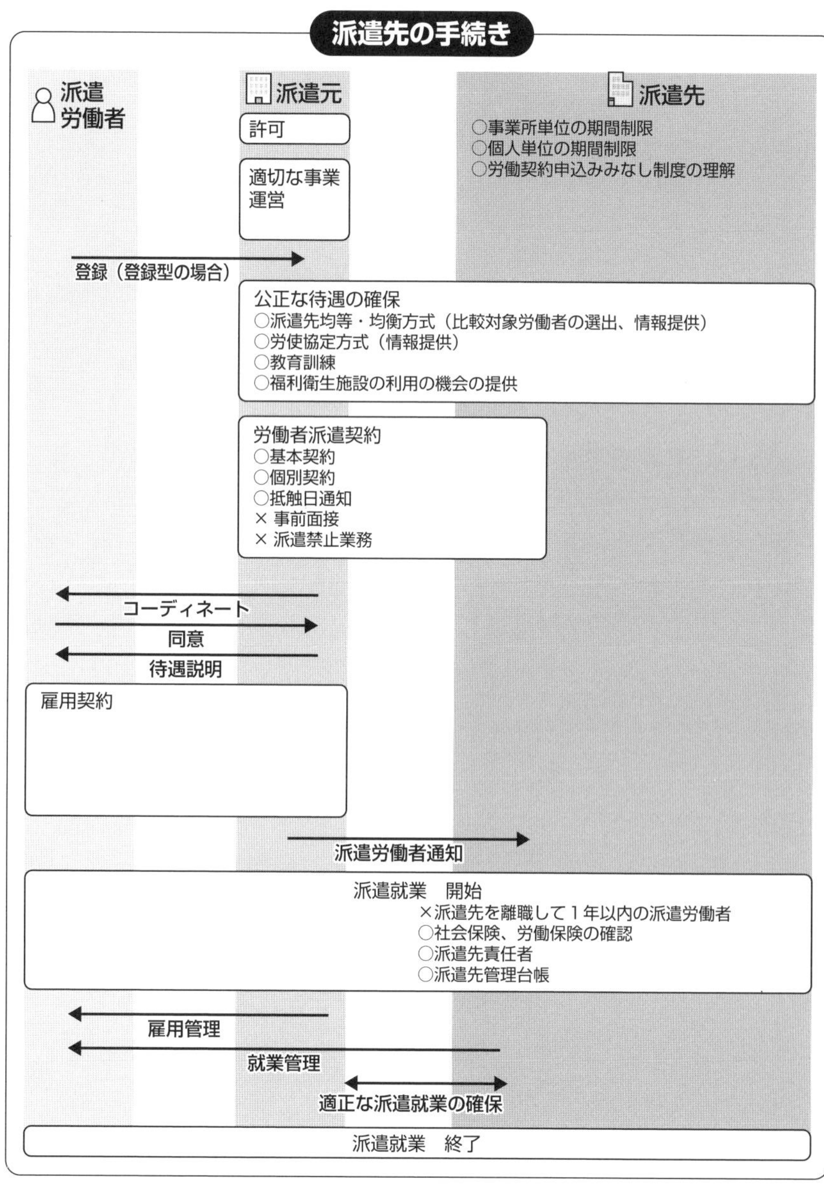

そもそも「同一労働・同一賃金」とは？

少子高齢化の進展により生産年齢人口も減少し、企業の人手不足が深刻さを増してきたなかで、企業が持続的に成長していくためには、通常の労働者のみならず、短時間・有期雇用労働者や派遣労働者といった非正規雇用労働者が活躍できる職場環境を整備していくことが重要になりました。

そのため、通常の労働者と非正規雇用労働者との間の不合理な待遇差を解消し、非正規雇用労働者が納得して働ける待遇を実現することが求められたのです。

とりわけ、派遣労働者については、派遣労働者を雇用する派遣元、派遣労働者を指揮命令する派遣先が異なることに加え、派遣先の労働力を一時的に確保するために活用するケースが多いことから、待遇改善やキャリア形成がおろそかにされがちでした。

しかし、派遣労働者を適正に活用していくためには、「派遣労働者である」という理由のみによって、通常の労働者との間に不合理な待遇差があってはなりません。

派遣労働者の待遇改善を図り、派遣労働者が納得感と意欲を持って働くことのできる環境を整備していくことが、「同一労働・同一賃金」のめざすところなのです。

4章

労働者派遣に関係する労働法の規定

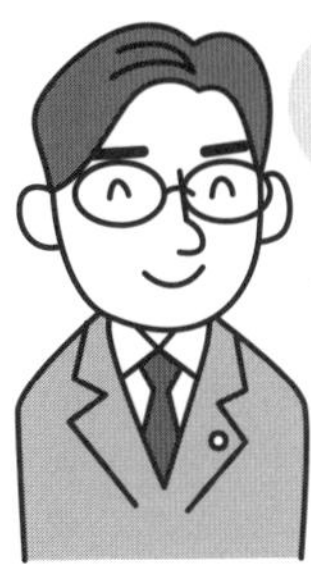

労働者派遣法や
労働基準法について
知っておきましょう。

4-1

労働者派遣をつかさどる「労働者派遣法」

派遣労働者の保護と雇用の安定を図ることが目的

労働者派遣法とは、正しくは、「労働者派遣事業の適正な運営の確保及び派遣労働者の保護等に関する法律」といいます。この労働者派遣法は、①労働力の需給の適切な調整を図るため労働者派遣事業の適正な運営の確保に関する措置を講じること、②派遣労働者の保護等を図ることを目的としています。

労働者派遣法の沿革

労働者派遣法は1985年に整備されますが、当初、専門的な知識・技術・経験を必要とする13業務に限定されていました。

そして、1990年代初頭のバブル経済崩壊により、日本経済は低成長期に入り、企業は日本型雇用により固定費化していた正社員に代わって、非正規雇用や外部人材（派遣労働者を含む）の活用を進め始めました。政府も派遣の活用を広げるための規制緩和を進め、派遣対象業務が拡大しました（26業務、自由化業務、製造業務、紹介予定派遣など）。

しかし、2008年のリーマンショックの影響により、いわゆる「派遣切り」や「雇止め（やといど）め」などが社会問題化したことで、規制強化に舵が切られ、2012年から2015年にかけて、派遣労働者の保護、キャリア支援、派遣期間制限の見直しなどを目的とした２回の法改正が行なわれました。

こういった日本経済の変遷に合わせて、労働者派遣法はそのつど見直されてきたのです。

そして、雇用形態に関わらない公正な待遇を実現し、すべての労働者が能力を発揮しながら長期にわたって活躍できる環境を整備することをめざした「働き方改革」の一環として、2020年にも改正されました。今回の改正は、派遣先の労働者との「**均等**」（差別的な取扱いを

◎労働者派遣法の過去の改正◎

1986年

- 派遣対象業務が16業務に拡大（当初は13業務）

1996年

- 派遣対象業務が専門的な知識・技術・経験を必要とする26業務へ拡大

1999年

- 派遣対象業務の原則自由化（ただし、建設、港湾運送、警備、医療、士業、物の製造業務は禁止）
- 26業務以外の業務（自由化業務）については派遣期間を1年間に制限
- 紹介予定派遣（派遣から職業紹介を経て直接雇用化）のしくみも法定化　など

2003年

- 自由化業務の派遣期間の上限を１年から最大３年に延長
- 製造業務への労働者派遣解禁　など

2012年

- 日雇い派遣の原則禁止
- 離職後１年以内の労働者を元の職場へ派遣することを禁止　など

2015年

- 業務による期間制限を廃止し、事業所単位および個人単位（組織単位）での派遣期間制限（上限３年）へ変更
- 派遣元に派遣労働者の雇用安定措置の義務化
- 派遣労働者のキャリアアップ支援強化　など

しないこと）、「**均衡**」（不合理な待遇格差を禁止すること）がポイントとなります。

4-2

派遣元と派遣先で適用を受ける労働法

労働者より使用者のほうが強い立場にある

労働者派遣という雇用形態で働く派遣労働者は、あくまでも労働契約にもとづく労働者なので、労働者派遣法のみならず、さまざまな労働法の適用を受けることになります。

派遣労働者は、派遣先会社の指揮命令を受けながら労働者派遣会社（派遣元）に対し労務を提供します。派遣元は、労務の見返りとして派遣労働者に給与を支払うことになります。これを、「**有償双務契約**（ゆうしょうそうむ）」といい、派遣労働者には働く義務が課せられる反面、報酬を受け取る権利を得ることになります。

本来、双務契約は自由な意思決定による労使が対等となるべき契約ですが、使用者が労働者に対して過酷な強制労働やピンハネといった中間搾取等を行なってきた歴史があります。つまり、力関係では賃金を支払う側の使用者が圧倒的に有利であり、経済的弱者である労働者が経済発展の犠牲となってきたことは事実だといえます。

そこで、労働者の権利を保護することを目的に**労働法**が次々と整備されていきました。といっても、「労働法」という法律が存在するわけではなく、労働に関する複数の法律全般を総称して「労働法」と呼んでいます。

派遣労働者に適用される労働法は、その性格によって多岐にわたりますが、大きく分けて次の５つのカテゴリーに分けることができます。

①労働条件の基準に関する法律
②雇用の確保・安定のための法律
③労働保険・社会保険に関する法律
④労働者福祉の増進に関する法律
⑤労働組合に関する法律

◎派遣元・派遣先に適用されるさまざまな労働法◎

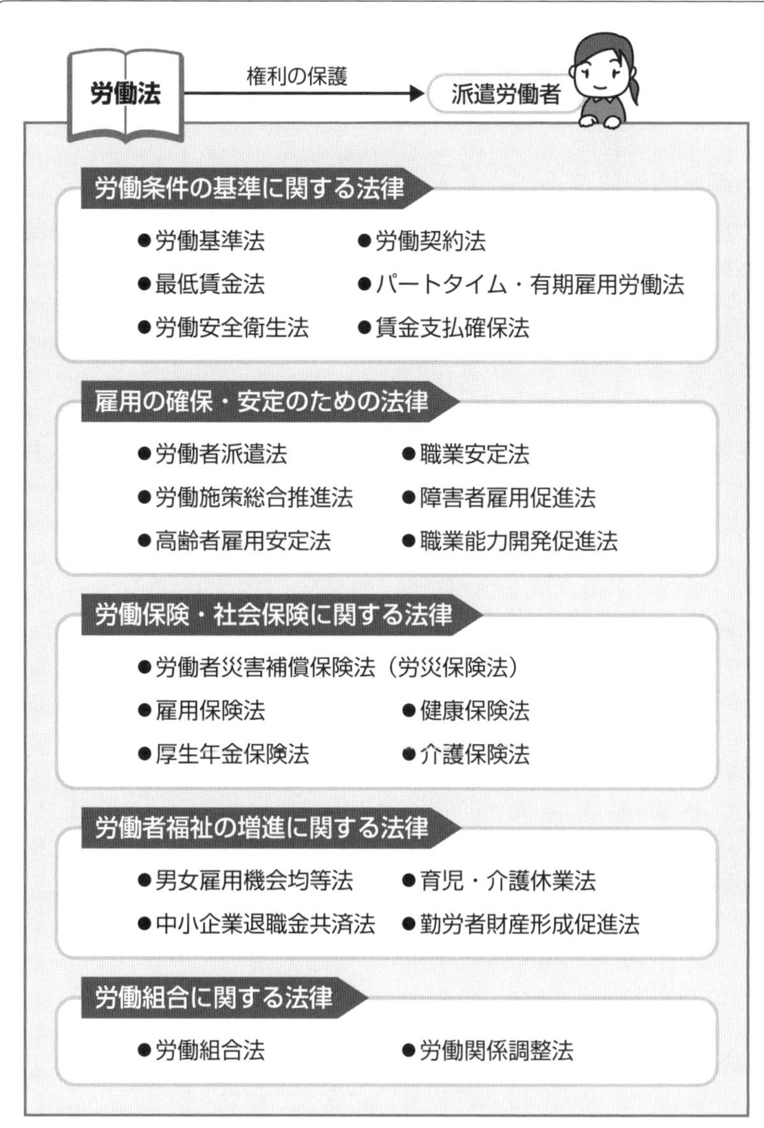

労働法
権利の保護
派遣労働者
労働条件の基準に関する法律
●労働基準法
●労働契約法
●最低賃金法
●パートタイム・有期雇用労働法
●労働安全衛生法
●賃金支払確保法
雇用の確保・安定のための法律
●労働者派遣法
●職業安定法
●労働施策総合推進法
●障害者雇用促進法
●高齢者雇用安定法
●職業能力開発促進法
労働保険・社会保険に関する法律
●労働者災害補償保険法（労災保険法）
●雇用保険法
●健康保険法
●厚生年金保険法
●介護保険法
労働者福祉の増進に関する法律
●男女雇用機会均等法
●育児・介護休業法
●中小企業退職金共済法
●勤労者財産形成促進法
労働組合に関する法律
●労働組合法
●労働関係調整法

また、補完的な役割を果たす政府や各省庁から発せられる命令、省令、規則などや行政通達、過去に裁判所が裁いた判例なども解釈や運用面では労働法の１つといえるでしょう。

4-3 労働法に規定する労働契約

有期契約の場合は期間満了に伴って契約は終了

派遣労働者が派遣先に派遣される際には、それに先立って、派遣元と労働契約を結ぶ必要があります。

「**労働契約**」とは、労働者が一定の労働条件のもとで労務を提供し、使用者はその対価として一定の賃金を支払うことを労使双方で合意した契約のことです。

労働契約には、期間の定めのあるものと定めのないものがあります。労働者派遣事業の場合、期間の定めのある労働契約を締結することが一般的です。この場合、派遣先による派遣契約の中途解除などによって、期間の途中で労働契約が解約されることは、やむを得ない理由がない限り認められず、債務不履行として損害賠償の問題が生じます。しかし、期間が満了すれば、契約は自動的に終了することになります。

また、期間の定めのある労働契約を締結する場合、その期間は**原則として最長で3年**とされています。ただし、以下の場合は、例外として3年を超える労働契約を締結することが認められています。

- 高度の専門的知識等を有する労働者が、その高度の専門的知識等を必要とする業務に就く場合
- 60歳以上の労働者の場合
- 一定の事業の完了に必要な期間を定める場合

そのほか、労働契約の締結にあたっては、労働者の意思を拘束したり、退職の局面においてその自由を奪うことが懸念されることから、労働基準法では次のような禁止規定を設けています。

- **損害賠償額予定の禁止**（労基法第16条）
- **前借金相殺の禁止**（労基法第17条）
- **強制貯蓄の禁止**（労基法第18条）

◎労働契約のしくみ◎

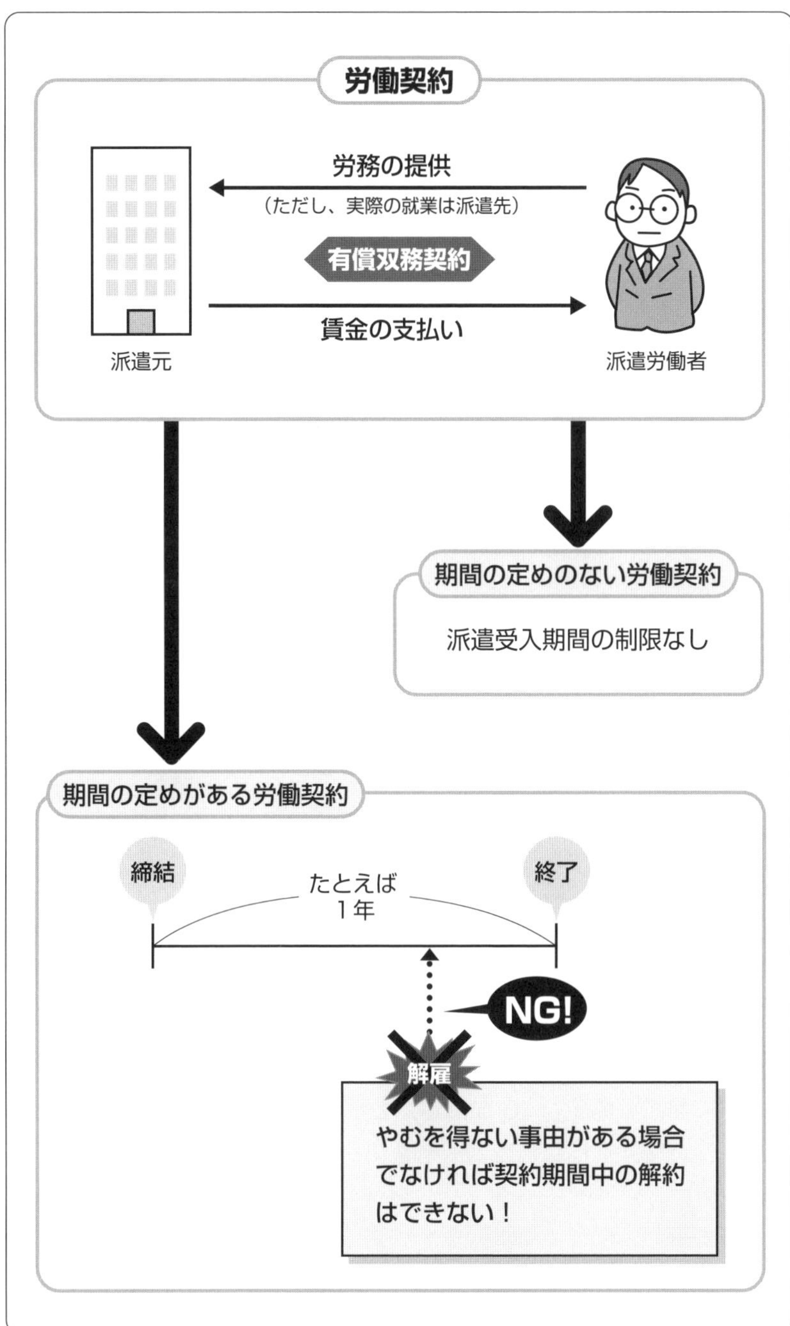
労働契約
労務の提供
（ただし、実際の就業は派遣先）
有償双務契約
賃金の支払い
派遣元
派遣労働者
期間の定めのない労働契約
派遣受入期間の制限なし
期間の定めがある労働契約
締結
終了
たとえば
1年
NG!
解雇
やむを得ない事由がある場合
でなければ契約期間中の解約
はできない！

4-4

労働法に規定する労働時間・休憩・休日

労働時間管理は派遣先の責務

派遣労働者には、労働基準法で規定されている労働時間、休憩、休日の取扱いも当然に適用されます。労働契約は派遣元と契約されているものの、これらの規定は実際に業務の指揮命令を行なう**派遣先が遵守する義務**を負っています。

労働時間とは、労基法第32条に定められている「**1日について8時間、1週間について40時間**（特例事業場は44時間）」のことをいい、休憩時間は含まれず、これを「**法定労働時間**」と呼んでいます。

また、使用者は、労働者に対して、労働時間が6時間を超え8時間以内の場合は少なくとも45分、8時間を超える場合は少なくとも1時間の**休憩時間**を与えなければなりません（労基法第34条1項）。したがって、1日の**所定労働時間**が8時間と規定されている会社の場合は、45分の休憩時間を与えることで足り、必ずしも1時間の休憩時間を付与する必要はありません。

休日とは、労働契約において労働の義務がないとされている日をいいます。労基法では、使用者は労働者に対して「**毎週少なくとも1回の休日を与えなければならない**」と定め、業務の都合などで毎週1回の付与ができない場合は「4週を通じ4日以上の休日を与える」ことができるとし、これを一般に「**法定休日**」といいます（労基法35条）。

なお、派遣元は派遣労働者に、法定労働時間を超えて、あるいは法定休日に労働させる場合には、労基法第36条に規定する「**時間外・休日労働に関する協定**」（**３６**（サブロク）**協定**）を派遣労働者の代表者と締結し、1日、1か月、1年に何時間の時間外労働をさせるのか、また、月に何回、休日労働させるのか、その場合の労働時間は何時から何時までか、について協定し、労働基準監督署へ届け出る必要があります。このため、派遣先もこの影響を受けて、派遣労働者に３６協定の規定を超えた時間外・休日労働を命じることはできません。

◎労働時間・休憩・休日のルール◎

派遣労働者

労働時間・休憩・休日のルールは…

派遣先に遵守義務

労働時間

１日8時間・１週40時間（特例事業場は44時間）

休　憩

１日の所定労働時間	休憩時間
6時間以内	付与しなくてOK
6時間を超え8時間以内	少なくとも45分
8時間を超える	少なくとも１時間

休　日

毎週少なくとも１回の休日付与

4週を通じて4日以上の休日付与

法定時間外労働・法定休日労働

派遣元 ―― 36協定 ―― 派遣労働者

36協定の内容は派遣先での就業に影響する

4-5

労働法に規定する変形労働時間制

派遣先では変形労働時間制を実施していないか？

変形労働時間制とは、繁忙期の所定労働時間を長くする代わりに、閑散期の所定労働時間を短くするといったように、業務の繁閑や特殊性に応じて、労使が工夫しながら労働時間の配分等を行ない、これによって全体としての労働時間の短縮を図ろうとするものです。その結果、残業手当の軽減につながるため、変形労働時間制を採用している会社は少なくありません。

派遣先がこの制度を導入しているケースでは、この算定方法に沿った派遣料金の体系を主張される場合があります。常用雇用している労働者を派遣する場合には、派遣元と派遣先が常に同じ労働時間の制度を採用するということは困難と思われますが、派遣業務によっては勤務形態を派遣先に合わせることが可能である場合もあります。まずは、派遣先がどのような労働時間制度を用いているのかを確認することが賢明でしょう。

この変形労働時間制には、以下の４種類の制度が労基法で定められています。

①**１か月単位の変形労働時間制**…１か月以内の期間を平均し１週間あたりの法定労働時間を超えない範囲で、特定の日、週の労働時間について法定労働時間を超える定めをすることができる制度

②**１年単位の変形労働時間制**…１年以内の期間を単位として、その間の時季的な業務量の繁閑に応じて労働時間を合理的に配分しようという制度

③**フレックスタイム制**…清算期間中の総労働時間を決めて、１日の出退勤時刻は労働者の自主的な決定に委ねるという制度

④**１週間単位の非定型的変形労働時間制**…日ごとの業務に著しい繁閑の差が生じることが多い一定の職種で用いられる制度

◎変形労働時間制の種類と運用のしくみ◎

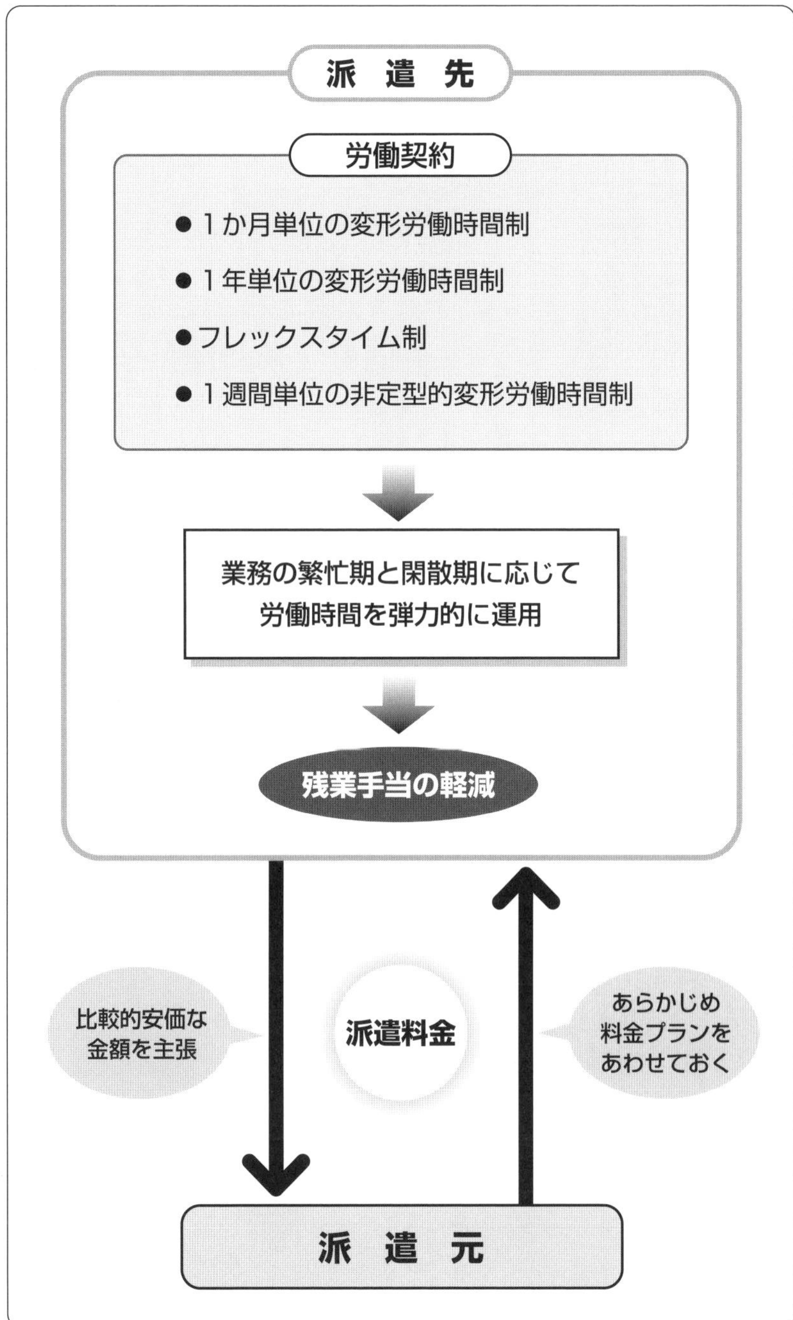

4-6

労働法に規定する時間外労働・休日労働・深夜労働

割増賃金の支給が必要な場合とは

派遣元は、派遣先において派遣労働者が時間外労働や休日労働をした場合には、通常の賃金以外に時間外労働手当や休日労働手当を支払わなければなりません。とりわけ、法定労働時間や法定休日を超えて労働させた場合には、通常の賃金に加え一定率を割増した賃金を支払うことになっており、これを「**割増賃金**」といいます。

【時間外労働に対する割増賃金】

法定労働時間を超えて労働させると、通常支払われる賃金に**２割５分以上５割以下**の賃金を上乗せしなければなりません。割増賃金が支払われるのはあくまでも法定労働時間を超えた場合ですから、派遣元の就業規則で定められた所定労働時間が８時間に満たない場合は、いわゆる「**法内残業**」として通常の賃金を支払う必要があります。また、１か月に60時間を超える法定時間外労働を行なわせた場合には、５割以上の割増賃金を支払うことが義務づけられています。なお、この取扱いが猶予されていた中小企業も、2023年４月以降は５割以上に引き上げられましたので、注意しましょう。

【休日労働に対する割増賃金】

１週間に１日与えなければならないと労働基準法第35条で定められている法定休日に労働させると、通常支払われる賃金に**３割５分以上５割以下**の割増賃金を上乗せしなければなりません。

【深夜労働に対する割増賃金】

午後10時から翌朝の５時まで労働させると、通常支払われる賃金に**２割５分以上**の賃金を上乗せしなければなりません。時間外労働と休日労働が深夜に及ぶときは、それぞれに深夜割増率が加算されます。

なお、派遣先は、派遣先管理台帳の記載事項のうち、①派遣労働者の氏名、②派遣就業した日、③派遣就業した日ごとの始業・終業時刻、休憩時間などの各事項を、１か月ごとに１回以上、一定の期日を定め

◎割増賃金の割合と運用のしくみ◎

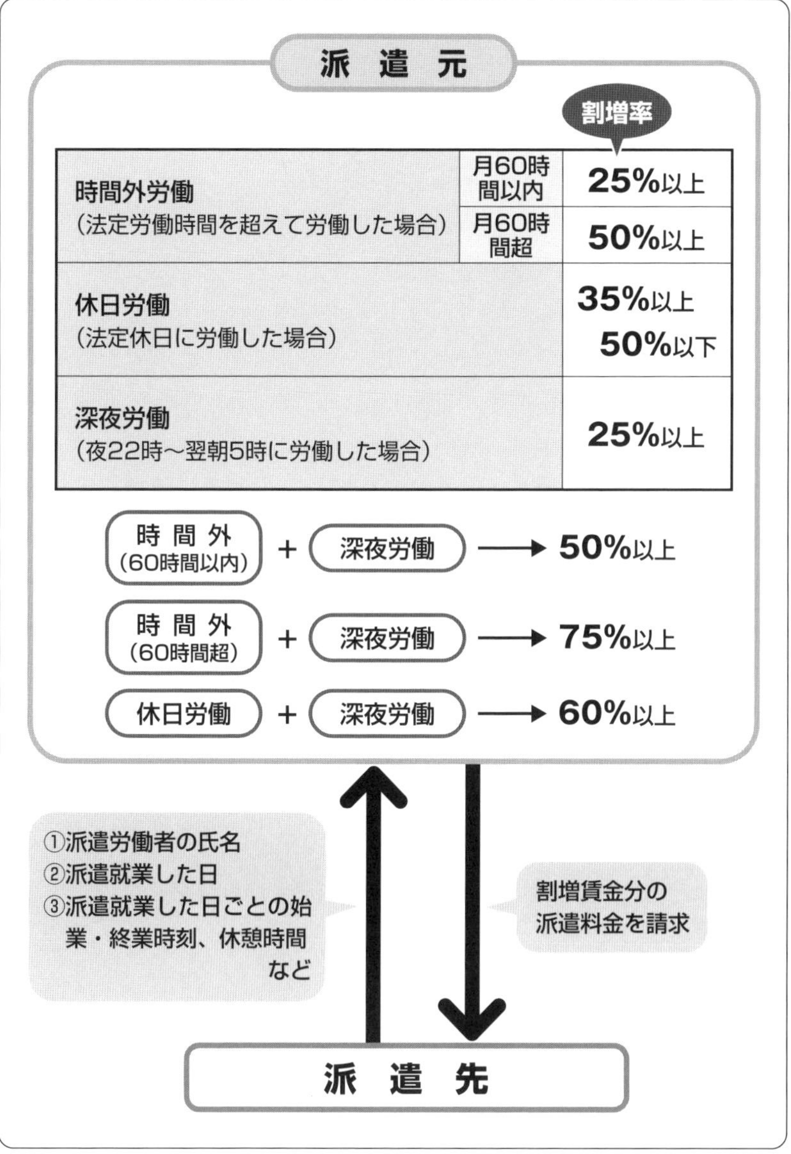

て書面（電子メール、ファクシミリ可）に記載して派遣元へ通知しなければならず、派遣元はこの通知をもとに割増賃金等の計算を行なうことになります。

4-7

労働法に規定する年次有給休暇

年次有給休暇の付与義務は派遣元にある

年次有給休暇は、派遣元が派遣労働者を雇い入れた日から起算して６か月間継続勤務し、全所定労働日の８割以上出勤した労働者に対して**最低10日**を与えなければなりません。

年次有給休暇の付与義務は派遣元にありますが、派遣先が変更になっても派遣元との労働関係が継続していれば、有給休暇の期間は通算されます。

年次有給休暇を取得する時季については、労働者に**時季指定権**が認められている一方で、指定時季が事業の正常な運営を妨げるような場合は、派遣元に**時季変更権**が認められています。ただし、**派遣先は時季変更権を行使できない**ので注意しましょう。

さらに、10日以上の年次有給休暇が付与される労働者に対し、５日については毎年、時季を指定して与えなければなりません。この時季指定は、労働者の意見を聴取し、その意見を尊重して行なう必要があります。

また、年次有給休暇の請求権は、労働基準法第115条の規定により、２年間で時効によって消滅します。したがって、前年の残日数までを翌年に繰り越すことができます。

年次有給休暇取得中の賃金については、派遣元の就業規則などの定めにもとづき、①平均賃金、②所定労働時間労働した場合に支払われる通常の賃金、過半数労働組合または労働者の過半数代表者と書面による協定をした場合は、③健康保険法の標準報酬日額に相当する金額のいずれかを支払う必要があります。

なお、派遣労働者が年次有給休暇を取得すると、その日については他の派遣労働者を手配しなければならなくなります。しかし、年次有給休暇を取得した派遣労働者に対して、賃金を減額したり、欠勤とするなどの不利益な取扱いはしてはいけません。

◎年次有給休暇の付与日数と運用のしくみ◎

●一般の労働者（週の所定労働日数が5日以上または週の所定労働時間が30時間以上の労働者）

継続勤務年数	6か月	1年6か月	2年6か月	3年6か月	4年6か月	5年6か月	6年6か月以上
付与日数	10日	11日	12日	14日	16日	18日	20日

●パートタイム労働者（週所定労働時間が30時間未満の労働者）

週所定労働日数	年間所定労働日数	継続勤務年数						
		6か月	1年6か月	2年6か月	3年6か月	4年6か月	5年6か月	6年6か月以上
4日	169～216日	7日	8日	9日	10日	12日	13日	15日
3日	121～168日	5日	6日	6日	8日	9日	10日	11日
2日	73～120日	3日	4日	4日	5日	6日	6日	7日
1日	48～ 72日	1日	2日	2日	2日	3日	3日	3日

●派遣労働者の申出による取得

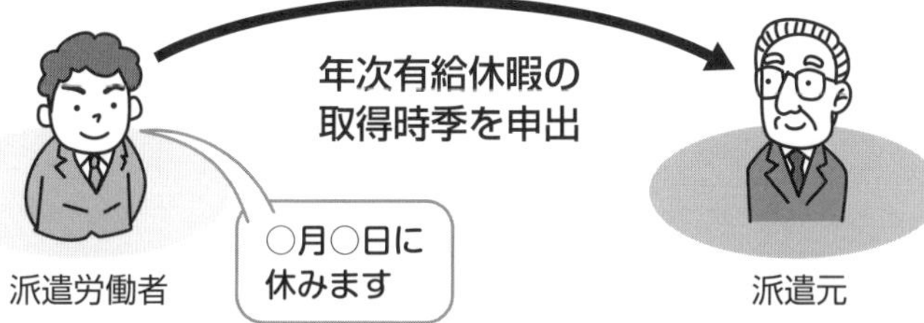

●派遣元の時季指定による取得

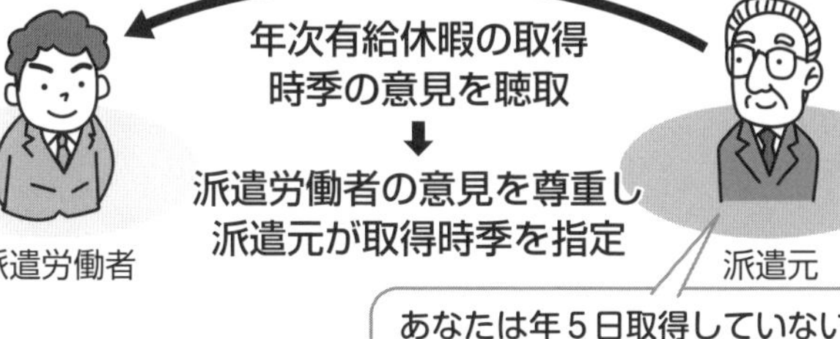

4-8 労働法に規定する産前産後休業・育児時間

育児時間、生理休暇等の付与義務は派遣先にある

労働基準法では、母性保護の観点から、**産前産後休業**、**生理休暇**、**育児時間**を与えることなどが規定されていますが、年次有給休暇のように派遣元に付与義務があるケースと、派遣先がその義務を負わなければならないケースとに分けられます。

産前産後休業の付与義務は、派遣元にあります。産前休業とは、6週間（多胎妊娠の場合は14週間）以内に出産予定の女性が休業を請求した場合には、その者を就業させてはいけない、というもので、産後休業とは、出産後８週間を経過しない女性を就業させてはならない、というものです。

一方、派遣先が付与あるいは配慮しなければならない主なものは次のとおりです。

①**妊産婦の労働時間・休日労働の制限**…妊産婦（妊娠中の女性および産後１年を経過しない女性）が請求した場合には、時間外・休日労働をさせてはなりません。変形労働時間制の適用を受けていても、妊産婦が請求した場合には、１日８時間、１週40時間を超えて労働させることはできません。

②**育児時間**…生後満１年に達しない生児を育てる女性から請求があった場合には、休憩時間の他に、１日２回、それぞれ少なくとも30分の生児を育てるための時間を与えなければなりません。

③**生理日の就業が著しく困難な女性に対する措置**…生理日の就業が著しく困難な女性から休暇（半日、時間単位でも足ります）を請求されたときは、その者を就業させてはなりません。

ただし、こうした休暇にはいわゆる「**ノーワーク・ノーペイの原則**」が適用され、労務の提供がない期間分の給与は控除されることが原則です。つまり、休暇の付与は義務づけられているものの、年次有給休暇を取得した場合を除いて、給与の支払い義務はないということです。

◎産前産後休業・育児時間等のしくみ◎

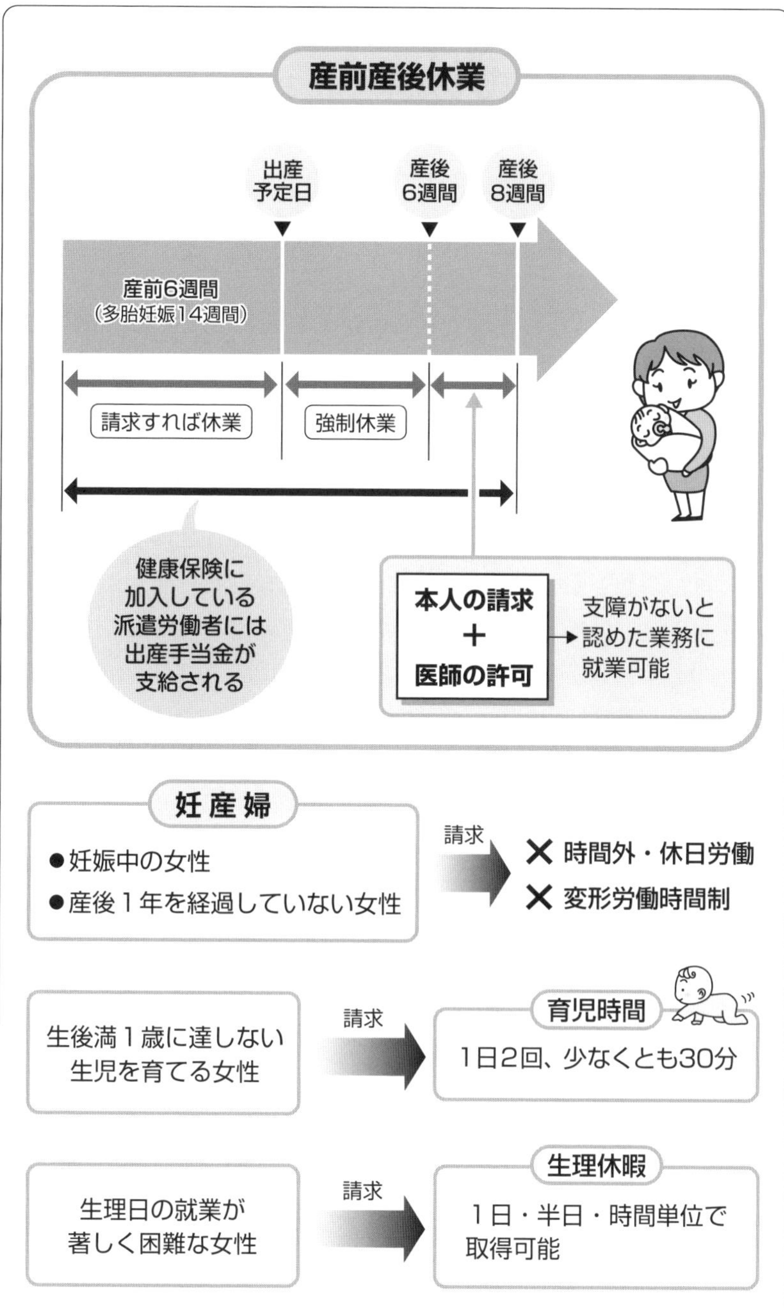
産前産後休業
出産
予定日
産後
6週間
産後
8週間
産前6週間
(多胎妊娠14週間)
請求すれば休業
強制休業
健康保険に
加入している
派遣労働者には
出産手当金が
支給される
本人の請求
＋
医師の許可
支障がないと
認めた業務に
就業可能
妊産婦
●妊娠中の女性
●産後１年を経過していない女性
請求
✕ 時間外・休日労働
✕ 変形労働時間制
生後満１歳に達しない
生児を育てる女性
請求
育児時間
1日2回、少なくとも30分
生理日の就業が
著しく困難な女性
請求
生理休暇
１日・半日・時間単位で
取得可能

4-9

労働法に規定する育児休業・介護休業

休業の申し出は派遣元に対して行なう

育児休業や**介護休業**は、派遣労働者でも取得することができます。この場合の休業の申し出は、派遣元に対して行なうことになります。

「育児休業」をとることができるのは、原則として子が出生した日から子が１歳に達する日（誕生日の前日）までの間で、派遣労働者が申し出た期間で、２回に分割して取得することができます。子が１歳に達する日に育児休業を取得しており、保育所に入所を希望し、申込みを行なっているが、入所できない場合のように、１歳を超えても休業が特に必要と認められる場合は、子が１歳６か月に達する日まで育児休業をとることができます。さらに、１歳６か月以後も、保育園等に入れないなどの場合には、育児休業期間を２歳まで延長できます。なお、2022年10月から「出生時育児休業」も創設され、子の出生後８週間以内の４週間について、通常の育児休業とは別に取得が可能です。

「介護休業」とは、要介護状態にある対象家族を介護するためにする休業をいい、対象家族１人につき通算93日まで、３回を限度として取得することができます。

育児休業および介護休業の期間には、賃金の支払い義務はありませんが、雇用保険制度から育児休業給付や介護休業給付が用意されています。また、育児休業に関しては、派遣労働者、派遣元ともに子が満３歳になるまで社会保険料が免除されます。ただし、介護休業の場合は、保険料は免除されないので注意が必要です。

なお、小学校就学前の子を養育する派遣労働者が申し出たときは、年５日を限度として**子の看護休暇**を与えなければなりません。また、要介護状態にある対象家族の世話を行なう派遣労働者が申し出たときは、年５日を限度として**介護休暇**を与えなければなりません。いずれの場合も時間単位で付与することができ、請求先は派遣元になります。

◎育児休業・介護休業等のしくみ◎

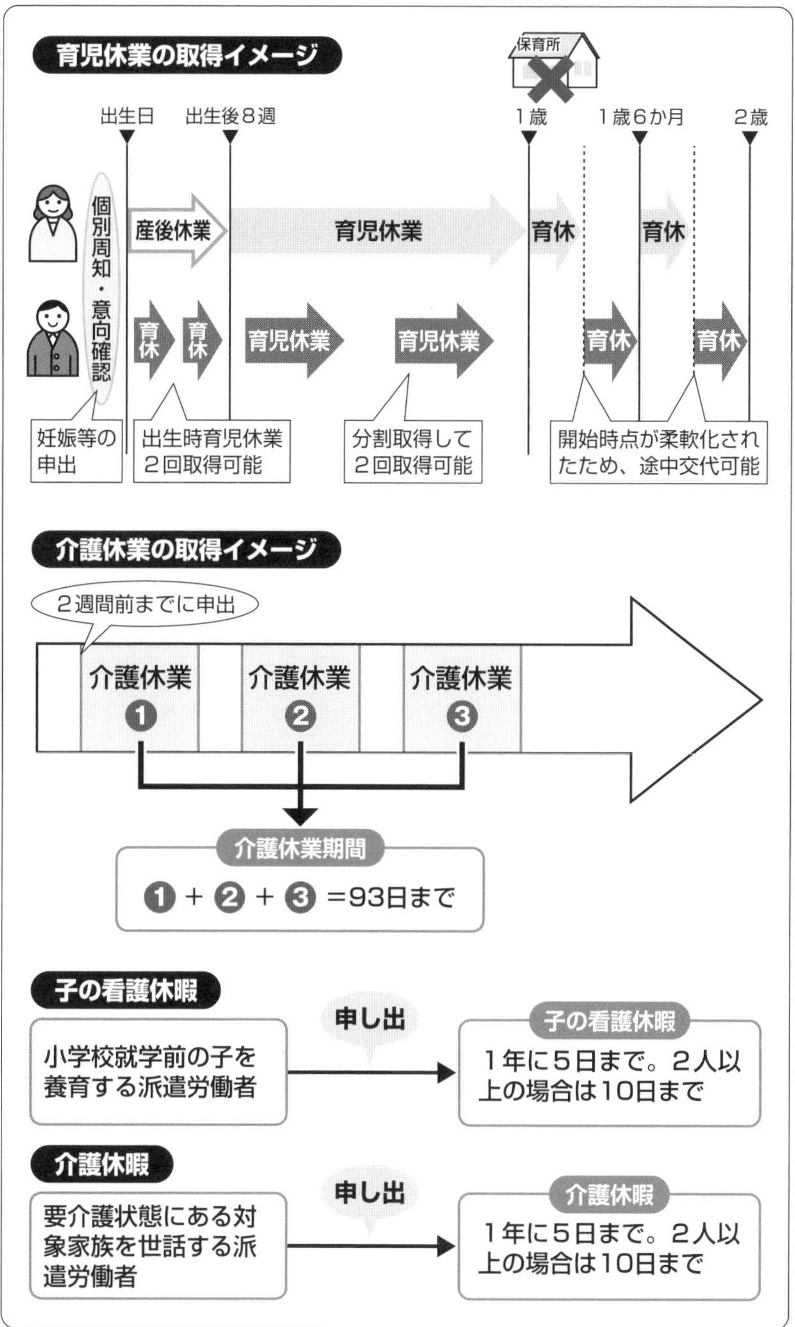

育児休業の取得イメージ
保育所
出生日
出生後８週
１歳
１歳６か月
２歳
個別周知・意向確認
産後休業
育児休業
育休
育休
育休
育休
育児休業
育児休業
育休
育休
妊娠等の申出
出生時育児休業
２回取得可能
分割取得して
２回取得可能
開始時点が柔軟化されたため、途中交代可能
介護休業の取得イメージ
２週間前までに申出
介護休業 ❶
介護休業 ❷
介護休業 ❸
介護休業期間
❶＋❷＋❸＝93日まで
子の看護休暇
小学校就学前の子を養育する派遣労働者
申し出
子の看護休暇
１年に５日まで。２人以上の場合は10日まで
介護休暇
要介護状態にある対象家族を世話する派遣労働者
申し出
介護休暇
１年に５日まで。２人以上の場合は10日まで

4-10

労働法に規定する就業規則

派遣元の就業規則にもとづいて派遣先で就業する

派遣元は、派遣労働者に対して労働条件を明示するとともに、労働契約を結ぶことになります。しかし、個別に締結された労働契約ごとに労働者を管理することは、実務的に不可能であるため、労働条件の基準を決定し、その基準に従って統一的かつ画一的に運用する必要も生じます。これらを体系的に取りまとめたものが**就業規則**です。

派遣労働者は、派遣元が作成した就業規則にもとづいて派遣先で就業することになります。派遣元と派遣労働者の間でトラブルが起こった際の多くは、派遣元に対して立証責任が課せられることになります。この立証責任を果たすための根拠の集約が就業規則でもありますから、派遣元は、自社の正規社員とは別に、**派遣労働者専用の就業規則**を作成すべきといえるでしょう。

労働基準法では、「常時10人以上の労働者を使用する使用者は、次に掲げる事項について就業規則を作成し、行政官庁に届け出なければならない」（労基法89条）と定め、労働者を**常時10人以上**使用している事業場については、使用者に対してその作成義務を課しています。

ここでいう「常時10人以上」とは、常用的に雇用されている派遣労働者だけでなく、短時間の派遣労働者の人数も含まれます。ただし、労働者派遣事業において、単に登録しているだけに過ぎず、実際に労働契約を結んでいない者までは含まれません。

就業規則には、①必ず記載しなければならない事項（**絶対的必要記載事項**）、②定めた場合には必ず記載すべき事項（**相対的必要記載事項**）、③記載するかどうか自由な事項（**任意的記載事項**）の３つのカテゴリーに区分されています。とりわけ、派遣先において勤務態度や素行の悪い派遣労働者を派遣してしまった場合、派遣元は信用を失墜させてしまうことになりますから、**派遣労働者に対する懲戒や解雇に関する規定は特に重要**だといえます。

◎就業規則の役割と記載事項◎

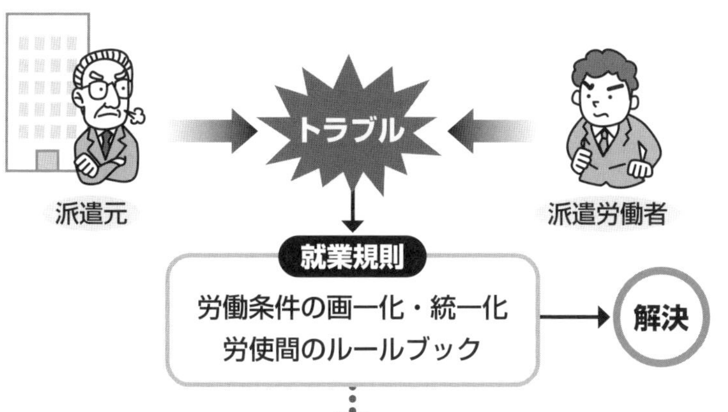

絶対的必要記載事項

- 始業および終業の時刻、休憩時間、休日、休暇ならびに労働者を２組以上に分けて交替に就業させる場合においては、就業時転換に関する事項
- 賃金（臨時の賃金等を除く。以下同じ）の決定、計算および支払いの方法、賃金の締切および支払いの時期ならびに昇給に関する事項
- 退職に関する事項（解雇の事由を含む）

相対的必要記載事項

- 退職手当の定めをする場合においては、適用される労働者の範囲、退職手当の決定、計算および支払いの方法ならびに退職手当の支払いの時期に関する事項
- 臨時の賃金等（退職手当を除く）および最低賃金額の定めをする場合においては、これに関する事項
- 労働者に食費、作業用品その他の負担をさせる定めをする場合においては、これに関する事項
- 安全および衛生に関する定めをする場合においては、これに関する事項
- 職業訓練に関する定めをする場合においては、これに関する事項
- 災害補償および業務外の傷病扶助に関する定めをする場合においては、これに関する事項
- 表彰および制裁の定めをする場合においては、その種類および程度に関する事項
- 以上のほか、当該事業場の労働者のすべてに適用される定めをする場合においては、これに関する事項

任意的記載事項

- 服務規律、誠実勤務、守秘義務等に関する事項
- 人事異動に関する事項
- 競業避止、退職後の競業制限等に関する事項　など

4-11

労働法に規定する健康診断

健康診断の対象となる派遣労働者とは

労働安全衛生法上の**健康診断**は、常時使用する労働者に対して、「雇入れ時および年１回のペースで定期的に実施しなければならない」としています。ここでいう「常時使用する労働者」とは、次のいずれの要件も満たす者をいいます。

①期間の定めのない労働契約により使用される派遣労働者。ただし、有期労働契約の場合であっても、１年以上使用されることが予定されている派遣労働者を含む。

②１週間の所定労働時間がその事業場において同種の業務に従事する派遣先の正規社員の所定労働時間数の４分の３以上である派遣労働者。

派遣元は派遣労働者に対して、労働安全衛生法の規定にもとづいて健康診断を実施するわけですが、昨今、長時間労働により脳・心疾患や精神障害を患う労働者が増えています。そこで、時間外労働が１か月あたり80時間を超え、かつ疲労蓄積が認められるときは、労働者の申し出により、医師による面接指導の実施が義務づけられています。

また、労働契約法では、「使用者は、労働契約に伴い、労働者がその生命、身体等の安全を確保しつつ労働することができるよう、必要な配慮をするものであること」という**安全配慮義務**が求められています。

一方の派遣労働者には、自己保健義務が課せられることになります。したがって、正当な理由なく派遣元が実施する健康診断を受診しないなどという行為は、就業規則上の制裁の対象となる場合があります。

なお、派遣労働者を一定の有害業務に就業させる場合には**特殊健康診断**を受けさせなければなりませんが、この義務は派遣先に課せられていますので注意が必要です。

◎健康診断を実施するしくみ◎

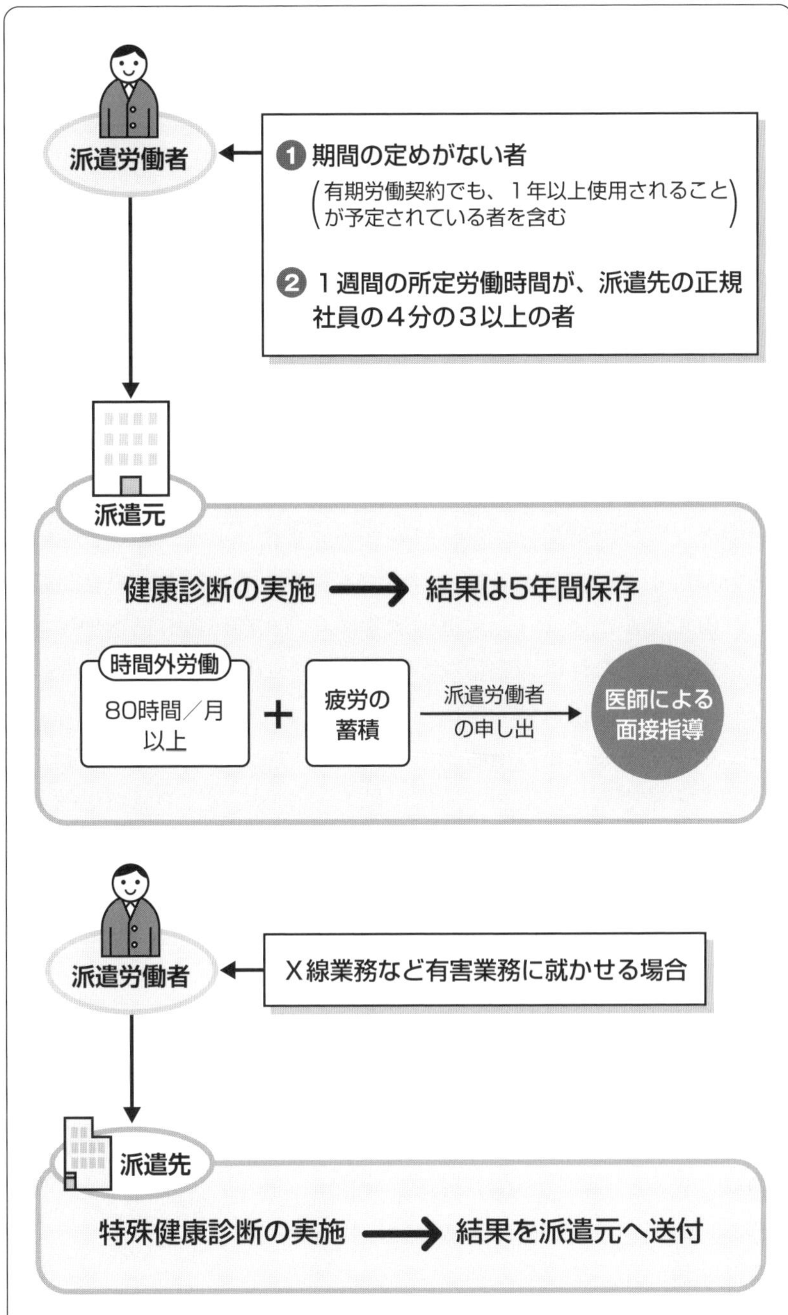

派遣労働者
❶ 期間の定めがない者
（有期労働契約でも、１年以上使用されることが予定されている者を含む）
❷ １週間の所定労働時間が、派遣先の正規社員の４分の３以上の者
派遣元
健康診断の実施
結果は5年間保存
時間外労働
80時間／月以上
＋
疲労の蓄積
派遣労働者の申し出
医師による面接指導
派遣労働者
X線業務など有害業務に就かせる場合
派遣先
特殊健康診断の実施
結果を派遣元へ送付

4-12 労働法に規定されたハラスメント防止

さまざまな法律に規定されている

職場においては、さまざまなハラスメントが問題として存在します。ハラスメント行為は、労働者の個人としての尊厳を不当に傷つける行為であり、企業にとっても社会的信用を失いかねない、経営上のリスクとなり得る問題で、法律によっても防止措置を講じることなどが定められています。派遣労働者に対しても対応が求められますので、確認しておきましょう。

①セクハラ防止のための措置

派遣元および派遣先は、派遣労働者の就業について、職場における性的言動によりその労働条件について不利益を受けたり、就業環境が害されることがないよう、派遣労働者からの相談に応じ、適切に対応するために必要な体制の整備など雇用管理上必要な措置を講じなければなりません（雇用機会均等法）。

②マタハラ防止のための措置

派遣元・派遣先は、上司や同僚が以下によって女性の派遣労働者の就業環境を害することがないよう、雇用管理上の措置を講じる義務を負っています（雇用機会均等法）。

❶妊娠したこと　❷出産したこと
❸産前休業を請求したこと
❹産前休業もしくは産後休業を取得したこと
❺その他妊娠・出産に関する事由

また、育児・介護休業法によっても、派遣労働者の就業環境を害することがないよう、派遣元および派遣先に対策を求めています。

❶育児休業の利用　❷介護休業の利用
❸その他の子の養育に関する制度・措置の利用
❹その他の介護に関する制度・措置の利用

◎職場におけるハラスメントの例◎

ジェンダーハラスメント
セクシャルハラスメント
●対価型セクシャルハラスメント
●環境型セクシャルハラスメント
マタニティハラスメント
ケアハラスメント
●制度等の利用への嫌がらせ型
●状態への嫌がらせ型
パワーハラスメント
●身体的な攻撃
●精神的な攻撃
●人間関係からの切り離し
●過大な要求
●過小な要求
●個の侵害

③パワハラ防止のための措置

派遣元および派遣先は、職場におけるパワハラにより派遣労働者の就業環境が害されることがないよう、雇用管理上の措置を講じる義務を負います（労働施策総合推進法）。

4-13

派遣労働者が労働災害にあったら

派遣先にも安全配慮義務がある

派遣労働者が、派遣先での就業中に**労働災害**によりケガや疾病を発症した場合は、労働基準法上の災害補償責任は派遣元が負うため、**派遣元の労災保険を利用する**ことになります。この点について行政解釈では、次のような理由で派遣元に災害補償責任を課しています。

①派遣元事業主は、労働者の派遣先事業場を任意に選択できる立場にあり、労災事故の起きた派遣先事業主と労働者派遣契約を締結し、それにもとづいて労働者を派遣したことに責任がある。

②派遣元事業主は、派遣労働者を雇用し、自己の業務命令によって派遣先の事業場において就労させているので、派遣労働者を雇用している者として、派遣先の事業場において派遣労働者の安全衛生が確保されるよう十分に配慮する責任がある。

しかし、現に就業していたのは派遣先ですから、派遣先も使用者責任を免れるわけではありません。派遣先には、労働安全衛生法上の使用者責任があり、派遣労働者に対して民事上の安全配慮義務を負っています。

このため、派遣先の設備の欠陥や労働安全衛生法に違反する労働環境、派遣先の従業員の過失などが原因で事故にあって負傷した場合は、派遣労働者は派遣先に対して損害賠償を請求することができます。

実際に労働災害が生じてしまったら、派遣元・派遣先の双方が「労働者死傷病報告」を作成し、それぞれ所轄労働基準監督署長に提出しなければなりません。この提出を怠ると、いわゆる「**労災隠し**」とみなされてしまいます。派遣先は、労働者死傷病報告を提出したときは、遅滞なく、その写しを派遣元に送付する必要があります。

また、派遣先では、労働災害の発生原因を調査し、再発防止対策を講じる必要があります。この労働災害の発生原因や再発防止対策は、安全委員会等で調査審議する事項になっています。

◎労働災害の発生と派遣元・派遣先の責任◎

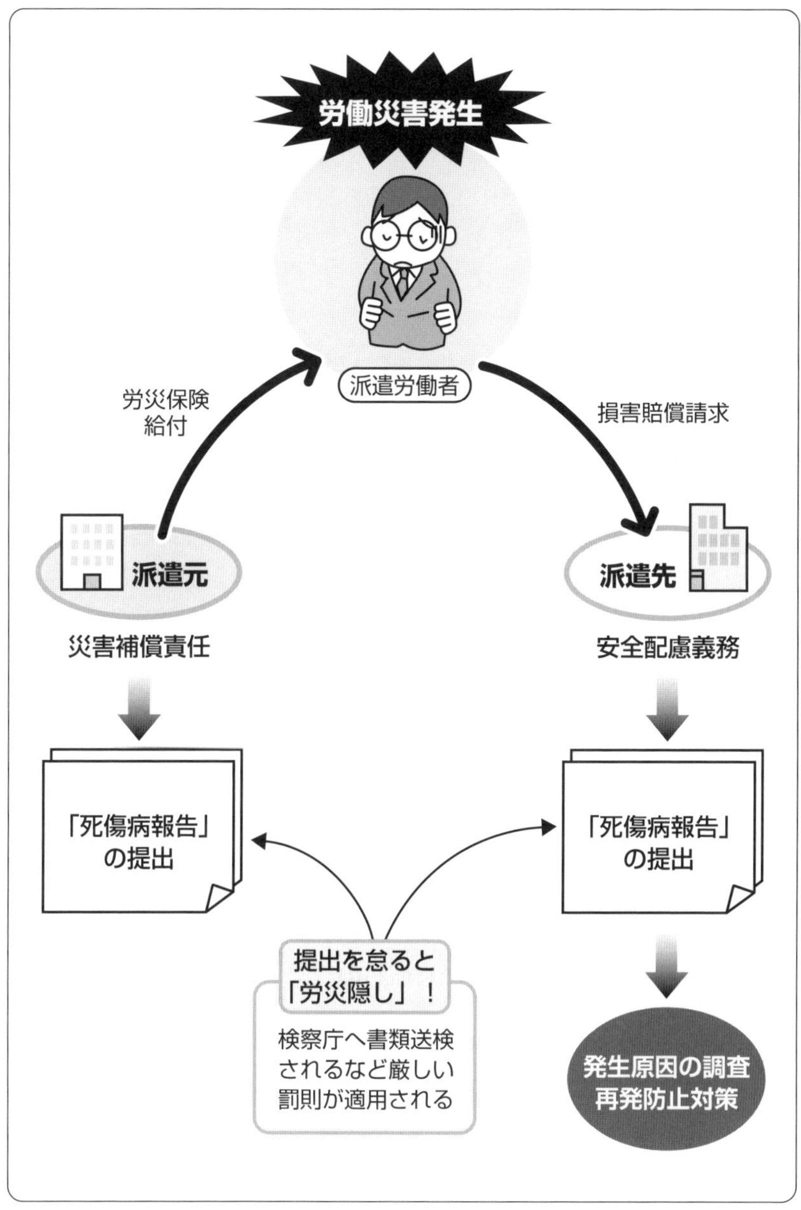

なお、派遣労働者にかかる労災保険は、労働時間の長さや契約期間の長さにかかわらず、すべての派遣労働者が対象となります。

知っとコラム

派遣元・派遣先における労働基準法の適用

派遣労働者は、派遣元と雇用関係にあることから、原則として派遣元が労働基準法の使用者責任を負うことになります。しかし、派遣労働者は派遣先においても派遣先の指揮命令を受けて就業しますから、派遣先にも使用者責任が生じることになります。

ここでは、派遣元・派遣先において、労働基準法がどのように適用されるのかを整理しておきましょう。

①派遣元、派遣先の両方に使用者責任が及ぶもの

- 均等待遇
- 強制労働の禁止
- 徒弟の弊害の排除
- 監督機関に対する申告
- 法令等の周知義務
- 記録の保存、報告の義務

②派遣元事業主に使用者責任が及ぶもの

- 男女同一賃金の原則
- 労働契約
- 賃金
- 年次有給休暇
- 労働時間関係の労使協定の締結、届出
- 時間外労働・休日労働、深夜労働の割増賃金
- 年少者の最低年齢、証明書、帰郷旅費
- 女性の産前産後休業
- 職業訓練に関する特例
- 災害補償
- 就業規則
- 寄宿舎
- 労働者名簿、賃金台帳

③派遣先事業主に使用者責任が及ぶもの

- 公民権行使の保障
- 労働時間、休憩、休日、時間外・休日労働の運用
- 年少者・妊産婦等の危険有害業務の就業制限
- 年少者・女性の坑内労働の禁止
- 妊産婦の時間外、休日、深夜業
- 育児時間、生理日に対する措置

5章

派遣労働者に対する給与・社会保険の取扱いと事務手続き

給与計算や社会保険の
事務は派遣元が
行ないます。

5-1

派遣労働者への給与の支払い方法

賃金を支払う際には５つのルールがある

労働基準法では、「賃金とは、賃金、給料、手当、賞与その他名称の如何を問わず、労働の対償として使用者が労働者に支払うすべてのものをいう」（労基法第11条）と、定義しています。つまり、**給与は派遣元が派遣労働者に支払う**ものであって、それが労働の対償である必要があるわけです。

また、賃金を支払う際には、労基法で一定のルールが定められており、これを「**賃金支払いの５原則**」といいます。

①通貨払いの原則

賃金は、通貨で支払わなければなりません。

②直接払いの原則

賃金は直接、派遣労働者に支払わなければなりません。

③全額払いの原則

賃金は、その全額を支払わなければなりません。

④毎月１回以上払いの原則

毎月初日から月末までの間に、少なくとも１回は賃金を支払わなければなりません。

⑤一定期日払いの原則

一定期日とは、「毎月25日」「毎月月末」というように支払期日を特定することが必要です。

派遣先は、派遣元に対して派遣料金を支払いますが、身近で就業している派遣労働者に対して賃金を支払う必要はありません。賃金を支払う義務があるのは、あくまでも派遣元です。

また、登録型の労働者派遣事業における派遣労働者の賃金は、時間給で支払われることがほとんどですが、最低賃金法の規定により最低賃金額を下回ることは許されません。この場合、派遣先の地域（産業）の最低賃金が適用されます。

◎「賃金支払いの５原則」とは◎

賃金

❶ 使用者が労働者に支払うものであること
❷ 労働の対償として支払うものであること

賃金支払いの5原則

❶ 通貨払いの原則
小切手や現物で支払うことはできない

例外
- 労働協約に定められた通勤手当、住宅貸与の現物給付
- 銀行振込、証券総合口座振込（派遣労働者の同意が必要）
- 退職金の銀行振出小切手、郵便為替による支払い

❷ 直接払いの原則
仕事の仲介人や代理人に支払ってはならない

例外
- 使者たる家族への支払い
- 派遣先の使用者を通じての支払い

❸ 全額払いの原則
労働者への貸付金その他のものを控除してはならない

例外
- 法令により定められた所得税、住民税、社会保険料の控除
- 労使の書面協定による組合費、互助会費など

❹ 毎月１回以上払いの原則
毎月１回以上支払うこと

❺ 一定期日払いの原則
一定の期日に支払うこと

例外
- 臨時に支払われる賃金、退職金、賞与、結婚祝金など
- １か月を超えて支払われる勤続手当、精勤手当など

5-2

派遣労働者に適用される社会保険

派遣元が加入させておくことが原則

社会保険とは、右ページ図にあるように、狭義で解釈される場合と**労働保険**も含めて広義に解釈される場合があります。

狭義の社会保険のポイントは、すべて「業務外」であるということです。つまり、私生活における病気やケガが原因で医療機関にかかった場合に保険給付を受けられるほか、老齢・障害・遺族となった場合に年金給付を受けることができます。

労働保険は、労災保険と雇用保険に分けられ、どちらも「仕事」がからんできます。労災保険は、狭義の社会保険とは異なり、「業務上」による病気、ケガ、要介護状態となった場合のほか、障害を負ったり、死亡したりした場合に一時金や年金給付が行なわれるものです。また、通勤途上による災害に対しても保険給付が行なわれます。

雇用保険は、失業した場合の生活補てんとしてのいわゆる「失業保険」のことですが、少子高齢化に対応して、高齢、育児、介護によって仕事を辞めずにすむように、在職中でも受けられる給付もあります。

こうした社会保険制度は、一定要件を満たせばもちろん派遣労働者にも適用されます。派遣元は、派遣労働者１人ひとりの就業条件に応じて加入手続きをとる必要があり、これを怠ったり失念したりすると、後でまとまった金額の保険料を徴収されるので注意しましょう。

なお、派遣元は雇用保険、健康保険および厚生年金保険に加入している派遣労働者を派遣する場合には、派遣先に対し、その派遣労働者の被保険者証等の写しを郵送または持参等により、提示しなければなりません。派遣就業開始後に、雇用保険、健康保険および厚生年金保険に加入した場合も同様です。また、これにより、派遣先も派遣労働者が社会保険に加入していることを確認することができます。

逆に、未加入の派遣労働者については、派遣元は派遣先および派遣労働者に対し、加入していない具体的な理由を通知する必要がありま

◎社会保険制度の体系◎

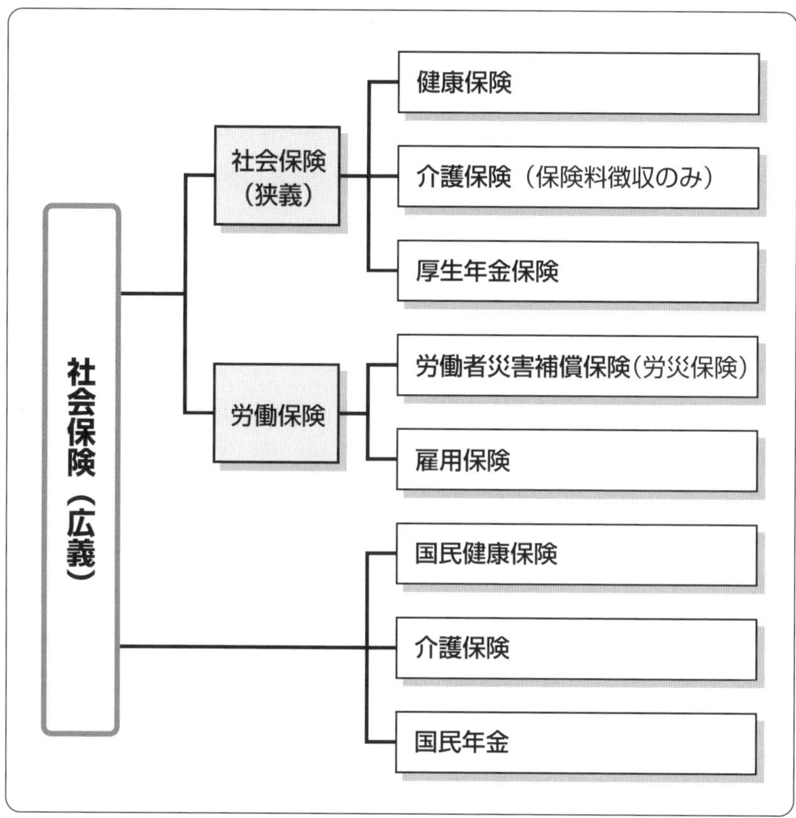

◎社会保険の給付が適用になる場合とは◎

	業務上の災害	通勤途上の災害	業務外の災害
健康保険	×	×	○
厚生年金保険	○	○	○
労災保険	○	○	×

す。派遣先は、通知された具体的な理由が適正でないと考えられる場合には、派遣元に対し、派遣労働者を雇用保険、健康保険および厚生年金保険に加入させてから派遣するように求めなくてはなりません。

5-3
派遣労働者に適用される医療保険制度

健康保険が適用になるとさまざまな給付を受けられる

健康保険制度は、仕事や通勤途上に関係なく、プライベートな時間に病気やケガをしたときに必要な保険給付が行なわれるものです。派遣就業中など業務に起因するような病気やケガに対しては、**労災保険**が適用になります。

健康保険というと、風邪を引いたりケガを負ったりした場合に、医療機関の窓口で被保険者証を提示して診察を受けるイメージが先行しますが、保険給付には他にもたくさんあります。たとえば、手術や入院などで窓口負担が高額になった場合には、一定額が返戻される**高額療養費**がありますし、療養のために仕事ができない場合には、生活保障として給付される**傷病手当金**があります。また、被保険者が出産した場合には、**出産手当金**や**出産育児一時金**が支給されます。

しかし、これらの保険給付は「請求主義」とされているので、知らずに請求しなければ給付されません。派遣元は、このような制度の知識をもっていないと、派遣労働者が受給できるはずの保険給付の請求を失念してしまうことにもなりかねません。派遣労働者との信頼関係を築く意味でも、しっかりと対応すべきでしょう。

なお、狭義の社会保険（健康保険、介護保険、厚生年金保険）は１つのセットとして加入することになります。したがって、それぞれ個別に加入することはできません。

加入要件は、派遣労働者の１週間の所定労働時間および１か月の所定労働日数が、**同種の業務に従事する正規社員の４分の３以上**であれば、被保険者となります。ただし、右ページ下図のような者は加入できないので注意を要します。

なお、１週間の所定労働時間が正規社員の４分の３未満、１か月の所定労働日数が４分の３未満の短時間労働者も、164ページ記載のとおり、被保険者となる場合がありますので、注意しましょう。

◎健康保険の給付のパターン◎

保険事故		被保険者への給付	被扶養者への給付
病気やケガをしたとき	被保険者証で治療を受けるとき	●療養の給付 ●入院時食事療養費 ●入院時生活療養費 ●保険外併用療養費 ●訪問看護療養費	●家族療養費 ●家族訪問看護療養費
	立替払いのとき	●療養費 ●高額療養費 ●高額介護合算療養費	●家族療養費 ●高額療養費 ●高額介護合算療養費
	緊急時などに移送されたとき	●移送費	●家族移送費
	療養のために会社を休んだとき	●傷病手当金	——
出産したとき		●出産手当金 ●出産育児一時金	●家族出産育児一時金
死亡したとき		●埋葬料（費）	●家族埋葬料
退職したあと（継続または一定期間の給付）		●傷病手当金 ●出産手当金 ●出産育児一時金 ●埋葬料（費）	——

適用除外者

❶ **日々雇い入れられる人**
（ただし、引き続き１か月以上使用されると被保険者）

❷ **2か月以内の期間を定めて使用される人**
（ただし、定められた期間を超えて引き続き使用されると被保険者）

❸ **季節的業務（4か月以内）に使用される人**
（ただし、継続して4か月を超えて使用される見込みの人は当初から被保険者）

❹ **臨時的事業の事業所（6か月以内）に使用される人**
（ただし、継続して6か月を超えて使用される見込みの人は当初から被保険者）

5-4

派遣労働者に適用される公的年金制度

要件を満たせば派遣元の厚生年金保険に加入できる

わが国の公的年金制度は、「国民皆(かい)年金」という特徴をもっており、**国民年金（基礎年金）**と、会社員などが加入する**厚生年金保険**による、いわゆる「２階建て」と呼ばれる構造になっています。

国民年金は、これらの公的年金制度の土台となる年金制度で、日本に居住する20歳以上60歳未満のすべての人が加入することになっています。サラリーマンやＯＬは厚生年金保険に「二重に加入」することになっています。

国民年金の加入者には、すべての国民共通のそれぞれの「基礎年金」を支給し、厚生年金保険の加入者にはそれぞれの「厚生年金」が支給されます。

派遣労働者は、１週間の所定労働時間および１か月の所定労働日数が、派遣元で従事する正規社員の４分の３以上であれば、厚生年金保険の被保険者となります。

なお、１週間の所定労働時間が正規社員の４分の３未満、１か月の所定労働日数が４分の３未満の短時間労働者について、健康保険・厚生年金保険の適用が段階的に拡大されます。現在は、被保険者数が常時501人以上の事業所で一定の要件を満たす場合には、短時間労働者も被保険者となりますが、2022年10月からは常時101人以下の事業所も、以下の①から④の要件を満たす短時間労働者は被保険者となり、2024年10月からは常時51人以上の事業所に拡大されます。

①週の所定労働時間が20時間以上
②継続して２か月を超えて使用される見込み
③賃金の月額が88,000円以上
④学生でないこと

◎公的年金制度の体系◎

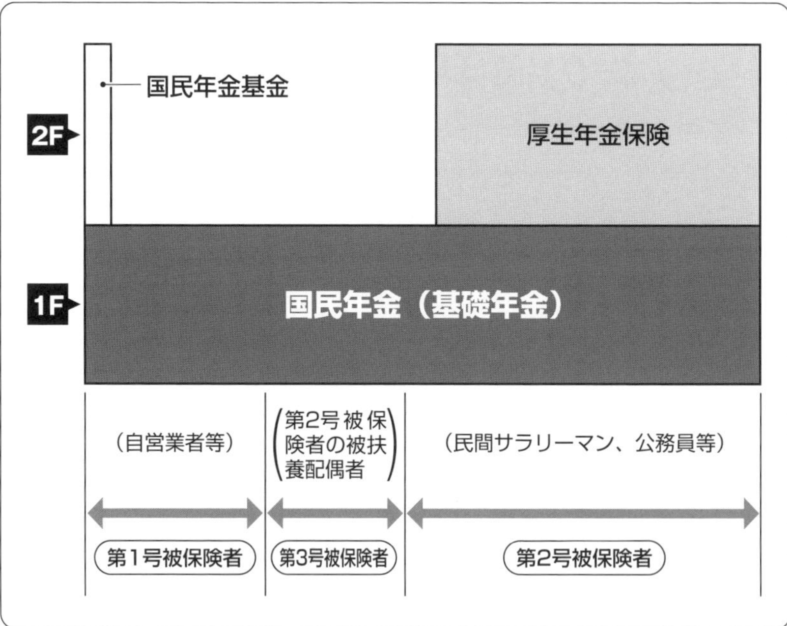

◎種別の変更が必要なとき◎

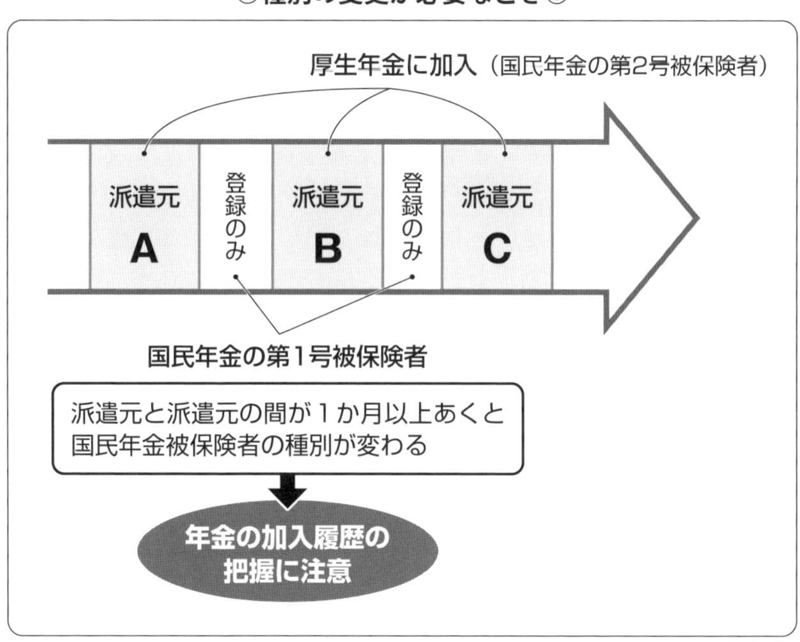

5-5
派遣労働者と労災保険の適用

正社員同様、さまざまな保険給付が受けられる

労働者災害補償保険（労災保険）は、業務上の事由または通勤途上において、派遣労働者がケガを負ったり、疾病を患ったり、身体に障害が残ったり、または不幸にも死亡してしまった場合に、被災労働者やその家族に対して必要な保険給付を行なう制度です。

派遣労働者が事業主の支配下にある状態において、その従事する業務やその業務に付随する行為が原因で災害が起こり、それによって派遣労働者が傷病等を被った場合、派遣元は労働基準法にもとづく災害補償責任を負わなければなりません。しかし、労働災害が起こるつど必要な補償を行なっていると、派遣元は資金面において十分な責任担保能力が維持できないため、使用者が保険料を負担し合う制度です。

適用される労災保険率は、派遣先の業務の実態によって判断されます。複数の業務に労働者を派遣している派遣元においては、主たる派遣先の業務によって労災保険率が決まります。

なお、労災保険から受けられる主な保険給付は次のとおりですが、業務上のみならず、通勤途上の災害による負傷、疾病、障害または死亡についても保険給付が行なわれます。ただし、通勤経路を逸脱したり、中断した場合は、原則として通勤途上とは認められません。

- **療養（補償）給付**…病気やケガ等により労災指定病院等で治療を受ける場合
- **休業（補償）給付**…療養のため４日以上休業し、給料が受け取れない場合
- **障害（補償）給付**…身体に障害が残り、一定の障害等級に該当した場合
- **遺族（補償）給付**…労働者が死亡し、一定要件を満たす遺族が存在する場合
- **二次健康診断等給付**…災害発生の予防を目的とする保険給付

◎労災保険の給付の種類◎

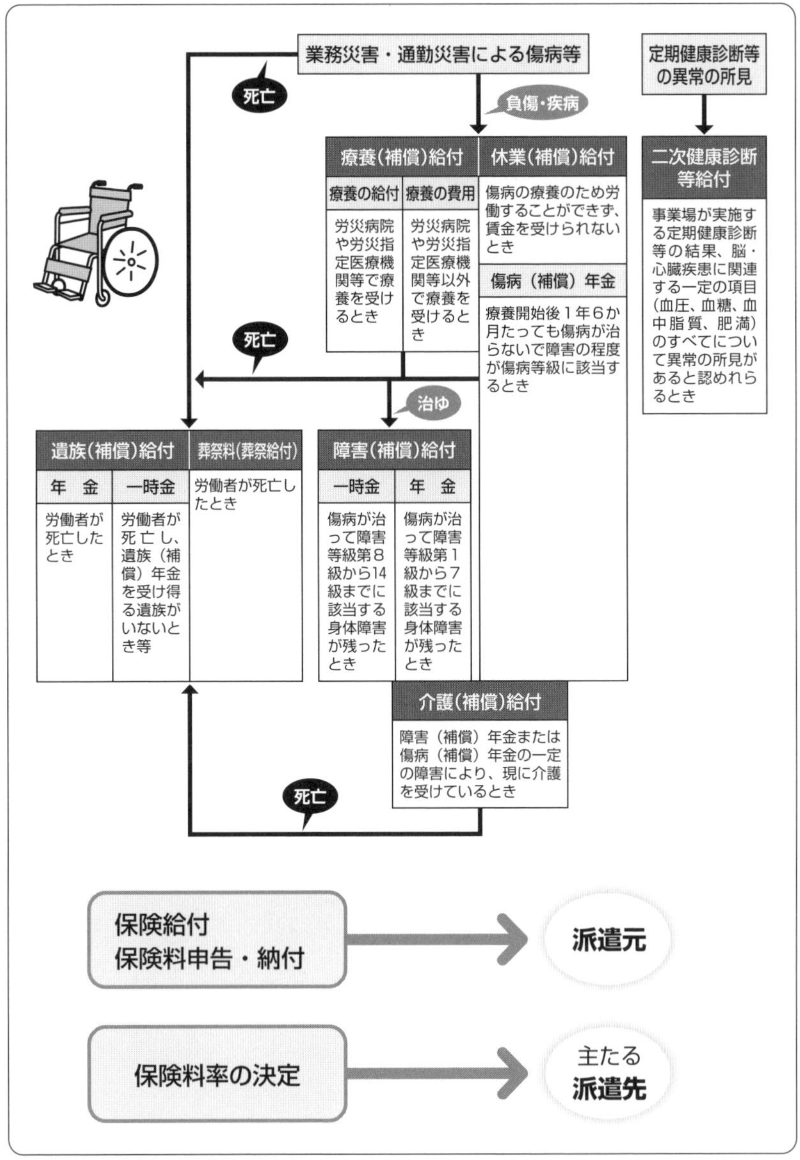

また、派遣労働者が労働災害に被災し、死亡もしくは４日以上休業した場合には、派遣元、派遣先の双方が労働基準監督署に私傷病報告書を提出しなくてはならないので、注意してください。

5-6

派遣労働者と雇用保険の適用

雇用保険が適用になる者とは

雇用保険とは、かつては“失業保険”と呼ばれ、失業者の生活安定を図るために一定の給付を受けることができる制度でしたが、近年は失業した場合のみならず、右ページの体系図のように就職促進や雇用継続、教育訓練など、失業を未然に防ぐ機能もあわせもっています。

派遣労働者についても、以下に該当しない限り、すべて雇用保険の一般被保険者となりますので、派遣元事業主は、資格取得手続きを行なう必要があります。

【雇用保険が適用されない者】

①１週間の所定労働時間が20時間未満である者

②継続して31日以上、雇用されることが見込まれない者

また、2022年１月から、複数の事業所で勤務する65歳以上の労働者が、そのうち２つの事業所での勤務を合計して一定の要件を満たす場合に、本人からハローワークに申出を行なうことで、申出を行なった日から特例的に雇用保険の被保険者（マルチ高年齢被保険者）となることができる**雇用保険マルチジョブホルダー制度**が創設されました。

派遣元事業主が、派遣労働者に対して雇用契約期間が満了するまでに次の派遣就業の指示をしない場合には、派遣労働者が同一の派遣元事業主のもとでの派遣就業を希望していなければ、雇用契約期間満了時に被保険者資格を喪失(そうしつ)することになります。

逆に、派遣労働者が引き続き同じ派遣元事業主のもとでの派遣就業を希望している場合には、原則として契約期間満了後１か月間は被保険者資格を継続することができます。

また、契約期間満了時から１か月経過時点において、次の派遣先が確定している場合は、被保険者資格を喪失させることなく、次の派遣就業が開始されるまでの間、被保険者資格を継続することができます。

◎雇用保険の体系◎

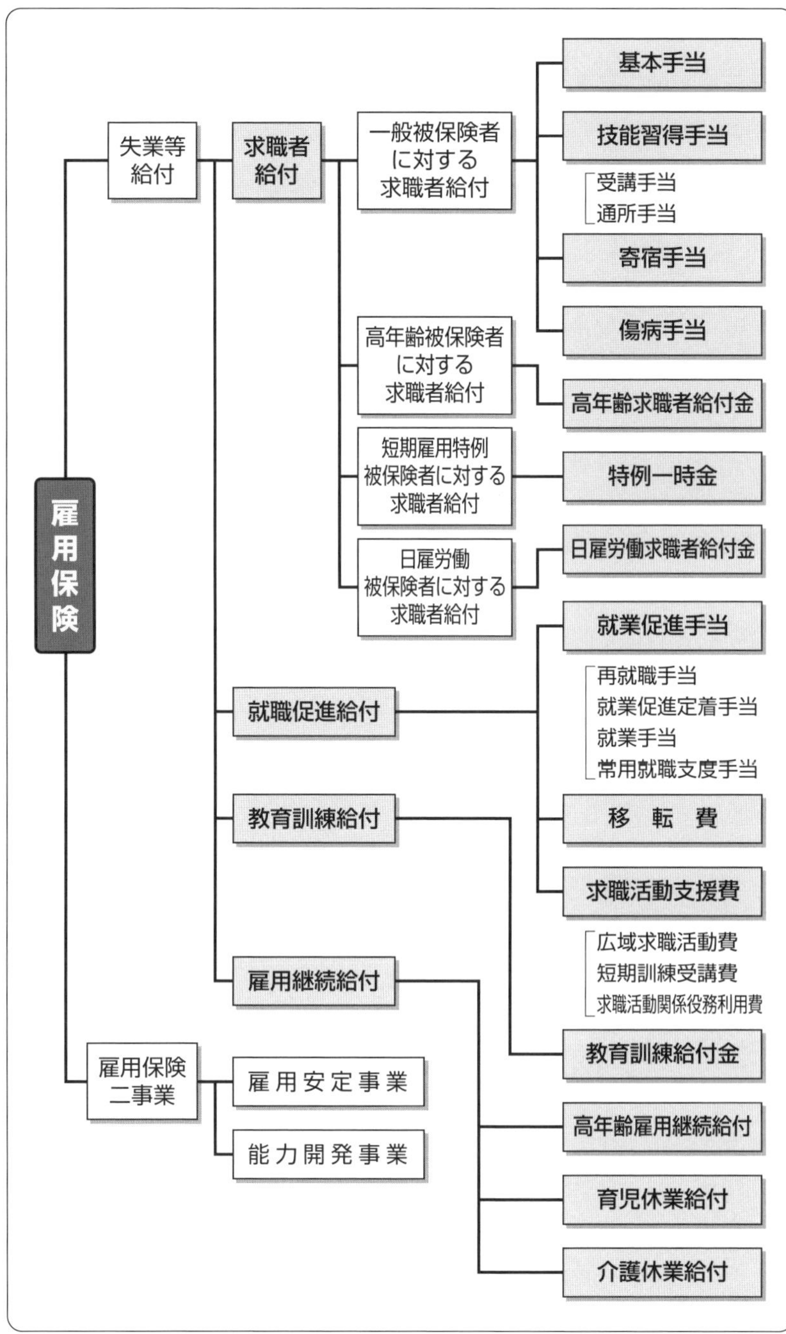
雇用保険
失業等給付
求職者給付
一般被保険者に対する求職者給付
基本手当
技能習得手当
受講手当
通所手当
寄宿手当
傷病手当
高年齢被保険者に対する求職者給付
高年齢求職者給付金
短期雇用特例被保険者に対する求職者給付
特例一時金
日雇労働被保険者に対する求職者給付
日雇労働求職者給付金
就職促進給付
就業促進手当
再就職手当
就業促進定着手当
就業手当
常用就職支度手当
移 転 費
求職活動支援費
広域求職活動費
短期訓練受講費
求職活動関係役務利用費
教育訓練給付
教育訓練給付金
雇用継続給付
高年齢雇用継続給付
育児休業給付
介護休業給付
雇用保険二事業
雇用安定事業
能力開発事業

5-7

日雇い派遣労働者と健康保険・雇用保険の適用

「日雇派遣指針」で保険加入が促進されている

日雇い派遣労働者については、不安定な雇用形態であることから、医療保険や失業保険（雇用保険）などの制度の周知が行き届かず、無保険のまま生活を余儀なくされ、十分な医療や生活保障を得られていないケースが見受けられます。

そこで「日雇派遣指針」では、労働保険や社会保険の適用促進を掲げ、日雇い派遣労働者であっても、健康保険や雇用保険に加入し、保険給付が受けられる旨の周知を図っています。

【健康保険（日雇特例被保険者）への加入】

日雇い派遣労働者が、健康保険の適用事業所に使用されると、**日雇特例被保険者**になることができます。この場合、派遣労働者本人が年金事務所に対して「日雇特例被保険者手帳」の交付申請を行ないます。

派遣元は、手帳を所持している派遣労働者を日雇い派遣労働の形態で雇用して、その者を使用する日ごとに、郵便局で健康保険印紙を貼付します。日雇被保険者は、医療機関で受診する月の２か月前に26枚（または前６か月間に78枚）以上の健康保険印紙が手帳に貼られていると、保険給付を受けることができます。

【雇用保険（日雇労働被保険者）への加入】

日雇い派遣労働者が、雇用保険の適用事業所に雇用されると、**日雇労働被保険者**になることができます。この場合、派遣労働者本人がハローワークに対して、「日雇労働被保険者手帳」の交付申請を行ないます。

派遣元は、手帳を所持する派遣労働者を日雇い派遣労働の形態で雇用し、賃金を支払うつど手帳に雇用保険印紙を貼付します。日雇労働被保険者は、前２か月間に26枚以上の雇用保険印紙が手帳に貼られていると、保険給付を受けることができます。

◎日雇い派遣労働者の保険加入の流れ◎

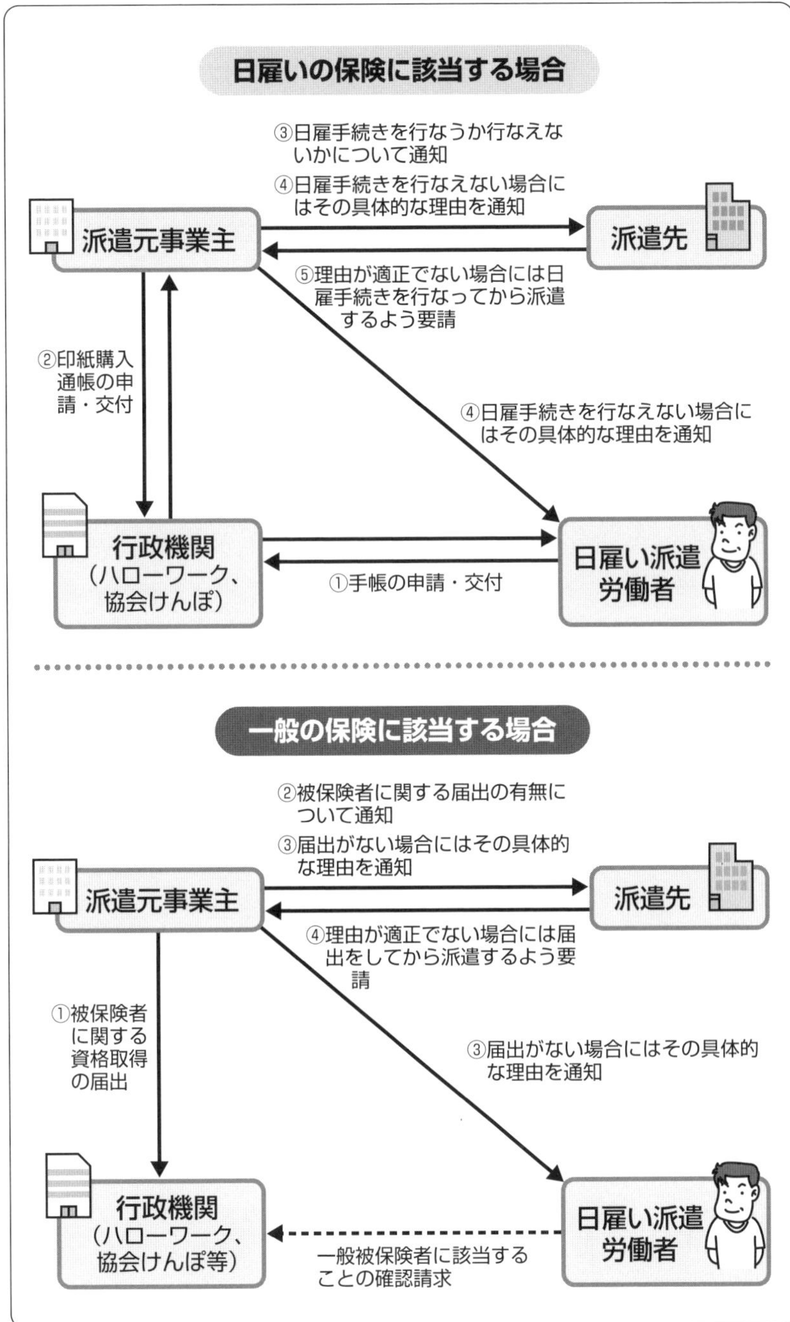
日雇いの保険に該当する場合
③日雇手続きを行なうか行なえないかについて通知
④日雇手続きを行なえない場合にはその具体的な理由を通知
派遣元事業主
派遣先
⑤理由が適正でない場合には日雇手続きを行なってから派遣するよう要請
②印紙購入通帳の申請・交付
④日雇手続きを行なえない場合にはその具体的な理由を通知
行政機関（ハローワーク、協会けんぽ）
日雇い派遣労働者
①手帳の申請・交付
一般の保険に該当する場合
②被保険者に関する届出の有無について通知
③届出がない場合にはその具体的な理由を通知
派遣元事業主
派遣先
④理由が適正でない場合には届出をしてから派遣するよう要請
①被保険者に関する資格取得の届出
③届出がない場合にはその具体的な理由を通知
行政機関（ハローワーク、協会けんぽ等）
日雇い派遣労働者
一般被保険者に該当することの確認請求

派遣労働者のテレワーク

「テレワーク」は、「ＩＣＴ（情報通信技術）を活用し、時間や場所を有効に活用できる柔軟な働き方」です。

わが国においても、新型コロナウイルス感染症の感染拡大の対策として、多くの企業で利用されるようになりました。そして、テレワークは、一般の正社員だけでなく、派遣労働者に対しても積極的な活用が呼びかけられています。

派遣先の指揮命令を受けて業務に従事する労働者派遣という形態では、テレワークの導入が難しいと考えられてきましたが、派遣先での派遣労働者に対する指揮命令は、必ずしも対面で実施しなければならないものではありません。

業務の内容を踏まえ、テレワークによっても必要な指揮命令をしながら業務遂行が可能であれば、テレワークでも問題なく就業できるのです。

また、派遣労働者に対して自宅等でテレワークを実施させるときは、たとえば、電話やメール等により、就業状況を確認することができれば、派遣労働者の自宅等まで巡回する必要はありません。

しかし、派遣労働者について自宅でのテレワークを実施するにあたって、派遣先として、自宅の住所を把握しておきたいということであれば、派遣元を通じて、派遣労働者本人に使用目的（テレワークの実施にあたって派遣先が住所を把握することが必要であり、派遣先に提供すること）を示して同意を得ることで、派遣先が住所を把握することも可能です。

6章

派遣事業を始めるときの許可の受け方・届出のしかた

さまざまな添付資料が
必要になります。

6-1

労働者派遣事業の始め方と欠格事由

欠格事由に該当すると許可を受けられない

労働者派遣事業を始めるには、**厚生労働大臣の許可**が必要ですが、以下にあげる**欠格事由**に該当すると、許可基準等をクリアしていても許可や届出は認められません。許可等が認められたのちに欠格事由に該当した場合は、許可等が取り消されてしまうので要チェックです。

【法人の場合】

①労働基準法、職業安定法など労働に関する一定の法律の規定に違反し、または刑法等の罪を犯したことにより、罰金の刑に処せられ、その執行を終わり、または執行を受けることがなくなった日から起算して５年を経過していない場合

②破産者で復権していない場合

③労働者派遣事業の許可を取り消され、または廃止を命じられ、その許可の取消しまたは命令の日から５年を経過していない場合

④労働者派遣事業の許可の取消しまたは廃止の命令の処分に係る行政手続法の規定による通知があった日からその処分をする日または処分をしないことを決定する日までの間に労働者派遣事業の廃止の届出をした者で、その届出の日から５年を経過していない場合

⑤暴力団員等にその事業活動を支配されている場合

⑥暴力団員等をその業務に従事させ、またはその業務の補助者として使用するおそれのある場合

⑦法人の役員のうちに、禁錮以上の刑に処せられるなど一定の要件に該当する者がある場合

【個人の場合】

①禁錮以上の刑に処せられ、一定の要件に該当している者

②成年被後見人、被保佐人または破産者で復権していない者

③個人事業主として受けていた労働者派遣事業の許可を取り消され、または廃止を命じられ、その許可の取消しまたは命令の日から５年

を経過していない者

④労働者派遣事業の許可を取り消された法人または廃止を命じられた法人の、その取消しまたは命令の処分を受ける原因となった事項が発生した当時、現にその法人の役員であった者で、その取消しまたは命令の日から起算して5年を経過しない者

⑤個人事業主として行なっていた労働者派遣事業の許可の取消しまたは廃止の命令の処分に係る聴聞の通知があった日からその処分をする日または処分をしないことを決定する日までの間に労働者派遣事業の廃止の届出をした者で、その届出の日から起算して5年を経過しない者

⑥労働者派遣事業の廃止の届出または旧特定労働者派遣事業の廃止の届出をした者が法人である場合において、聴聞の通知の日前60日以内にその法人の役員であった者で、その届出の日から起算して5年を経過しない者

⑦暴力団員等

⑧暴力団員等がその事業を支配する者

⑨暴力団員等をその業務に従事させ、またはその業務の補助者として使用するおそれのある者

⑩労働者派遣事業について法定代理人から営業の許可を受けていない未成年者であって、その法定代理人が上記の①～⑦等のいずれかに該当する者

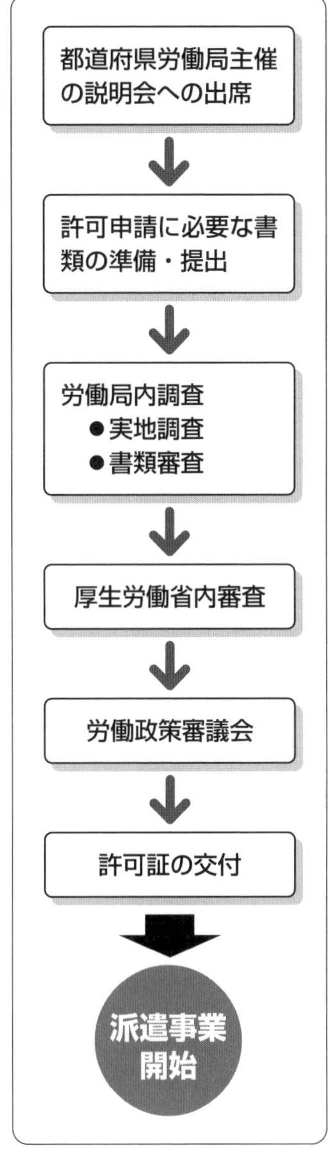

6-2

労働者派遣事業の許可申請のしかた

厚生労働大臣の許可基準のハードルは高い

労働者派遣事業を行なおうとする場合は、**厚生労働大臣の許可**を受ける必要がありますが、実際の手続きは派遣元事業所を管轄する都道府県労働局で行ないます（☞前ページ図参照）。許可基準は、一定の欠格事由に該当しないことのほかに、次のような高いハードルを設けています。

①その事業が専ら労働者派遣の役務を特定の者に提供することを目的として行なわれるものでないこと

②申請者がその事業の派遣労働者にかかる雇用管理を適正に行なうに足りる能力を有するものとして、派遣労働者のキャリアの形成を支援する制度を有すること、かつ、派遣労働者にかかる雇用管理を適正に行なうための体制が整備されていること

【キャリア形成支援制度】

- 派遣労働者のキャリア形成を念頭に置いた段階的かつ体系的な教育訓練の実施計画を定めていること
- キャリア・コンサルティングの相談窓口を設置していること
- キャリア形成を念頭に置いた派遣先の提供を行なう手続きが規定されていること
- 教育訓練の実施　　●教育訓練計画の周知等

【雇用管理を適正に行なうための体制整備】

- 派遣元責任者として雇用管理を適正に行ない得る者が所定の要件および手続きに従って選任、配置されていること
- 派遣元責任者が不在の場合の臨時の職務代行者があらかじめ選任されていること
- 派遣元事業主が派遣労働者の福祉の増進を図ることが見込まれる

等適正な雇用管理を期待し得るものであること
- 派遣労働者に対する安全衛生教育の実施体制、能力開発体制が整備されていること

③個人情報を適正に管理し、派遣労働者等の秘密を守るために必要な措置が講じられていること

④事業を的確に遂行するに足りる能力を有するものであること

【財産的基礎に関する判断】
- 資産の総額から負債の総額を控除した額（基準資産額）が2,000万円に当該事業主が労働者派遣事業を行なう事業所の数を乗じた額以上であること
- 上記の基準資産額が負債の総額の７分の１以上であること
- 事業資金として自己名義の現金・預金の額が1,500万円に当該事業主が労働者派遣事業を行なう事業所の数を乗じた額以上であること

【組織的基礎に関する判断】
- 派遣労働者数に応じた派遣元責任者が配置される等、組織体制が整備され、労働者派遣事業に係る指揮命令の系統が明確であり、指揮命令に混乱の生ずるようなものでないこと

【事業所に関する判断】
- 事業所が風俗営業や性風俗特殊営業等が密集するなど事業の運営に好ましくない位置にないこと
- 事業所の労働者派遣事業に使用し得る面積がおおむね20㎡以上あること

【適正な事業運営に関する判断】
- 労働者派遣事業において事業停止命令を受けた者が、その停止期間中に許可を受けようとするものではないこと
- 法人の役員が、個人事業主として労働者派遣事業について事業停止命令を受け、その停止期間を経過しない者ではないこと
- 労働者派遣事業をその事業以外の会員の獲得、組織の拡大、宣伝等の他の目的の手段として利用するものではないこと

- 登録制度を採用している場合に、登録に際し、手数料に相当するものを徴収するものではないこと
- 自己の名義をもって、他人に労働者派遣事業を行なわせるために、許可を受けようとするものではないこと
- 派遣先における団体交渉または労働基準法に規定する協定の締結等のための労使協議の際に使用者側の直接当事者として行なう業務について労働者派遣を行なおうとするものではないこと

⑤民営職業紹介事業と兼業する場合は、派遣労働者に係る個人情報と求職者に係る個人情報が別個に管理されること等、事業運営につき明確な区分がなされていること

⑥海外派遣を予定する場合には、派遣元責任者が派遣先国の言語および労働事情に精通するものであること、かつ、派遣労働者の海外における適正な就業のための体制が整備されていること

⑦派遣労働者への労働安全衛生の徹底を図るため、派遣元責任者および派遣先責任者が派遣労働者の安全および衛生に関し、必要な連絡調整を行なう等の措置が講じられていること

知っとコラム

申請から許可までに要する時間は？

審査が滞りなく進んだ場合でも、3か月程度の時間を要することになっています。労働者派遣事業の許可を求める場合には、できるだけ早めに準備を進めましょう。

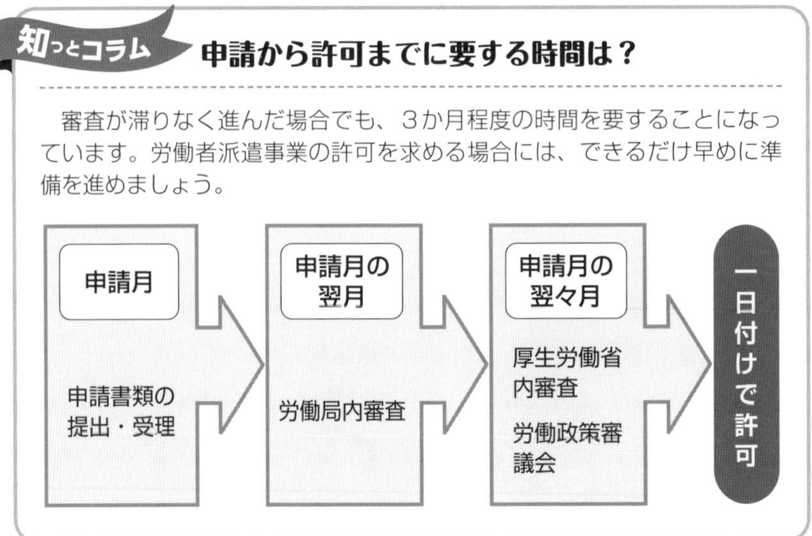

◎基準資産額の求め方◎

最近の事業年度に係る貸借対照表

<table>
<tr><td rowspan="2"><資産の部>

現金
預金

繰延資産
営業権（のれん）</td><td><負債の部></td></tr>
<tr><td><純資産の部></td></tr>
</table>

基準資産＝資産総額－負債総額－繰延資産－営業権（のれん）

直近の事業年度の貸借対照表で資産に関する要件を満たさない場合、中間決算または月次決算を行ない、利害関係のない公認会計士もしくは監査法人に監査証明書を発行してもらうことでも申請可能です。

6-3
労働者派遣事業
許可申請書の作成のしかた

さまざまな添付書類が必要になる

労働者派遣事業の許可を受けようとする事業所は、まず、「**労働者派遣事業許可申請書**」（様式第１号☞182ページ）を作成する必要があります。この書式は、厚生労働省や都道府県労働局などのホームページからダウンロードできるので活用すると便利です。

また、労働者派遣事業許可申請書の提出にあたっては、右ページにあげた添付資料が必要となります。

事業主は、労働者派遣事業を実施しようとする事業所について、それぞれ許可を受けなければなりません。

そのため、主たる事業所以外の事業所でも労働者派遣事業を行なおうとする場合は、その申請に際して労働者派遣事業を行なおうとするすべての事業所の名称等を申請書の所定欄に記載するとともに、各事業所の事業計画書等の書類を作成する必要があります。

なお、労働者派遣事業の許可申請には、１事業所あたり12万円（２つ目以降は追加する１事業所あたり５万5,000円）の収入印紙と、９万円の登録免許税が必要となります。収入印紙は、申請書に貼付することになりますが、訂正や書き直しの恐れがあるので、貼らずに別途持参するとよいでしょう。

その他、確認書類として、事業所のレイアウト図、公正採用選考人権啓発推進員選任状況報告の控えも提出が求められるので、申請時には持参しましょう。事業所のレイアウト図には、研修や面接を行なうスペースなども示します。

許可申請関係書類は、労働局に提出しますが、許可の権限は厚生労働大臣が有しています。労働局は、受領した書類について、必要な書類が添付されていること、書面に記載漏れがないこと、記入事項に誤りがないこと等を確認したうえで、厚生労働省に送付し、厚生労働大臣が労働政策審議会の意見を聴き、許可することになります。

◎事業主が法人の場合の提出書類一覧◎

提出様式・・・

		提出部数	
		原本	コピー
①	労働者派遣事業許可申請書（様式第１号）［第１面・第２面］	1	2
②	労働者派遣事業計画書　（様式第３号）［第１面～第２面］ ※複数事業所を同時申請する場合、事業所ごとに作成	1	2
③	キャリア形成支援制度に関する計画書　（様式第3-2号）［第１面］ ※複数事業所を同時申請する場合、事業所ごとに作成	1	2

添付書類・・・ 複数事業所を同時申請する場合、⑧～⑭は申請する事業所ごとに用意してください

		原本	コピー
①	定款又は寄附行為 ※内容に変更がある場合には株主総会議事録も添付		2 （2）
②	登記簿謄本（履歴事項全部証明書）	1	1
③	代表者・役員の住民票の写し（本籍地、または国籍及び在留資格記載のもの） ※非常勤、社外、監査役等を含む登記簿謄本に記載されている全員分が必要 ※マイナンバー（個人番号）の記載のないもの（全世帯分は不要となります）	1	1
④	代表者・役員の履歴書 ※非常勤、社外、監査役等を含む登記簿謄本に記載されている全員分が必要 ※写真は不要 ※「氏名」「生年月日」「住所」「最終学歴」「職歴」「賞罰の有無」を記載 （職歴は「入社・退社の年月」「役員の就任・退任の年月」を明記し、空白期間のないように「例：求職活動、法人設立準備等」詳細に記入）	1	1
⑤	最近の事業年度に係る貸借対照表・損益計算書・株主資本等変動計算書		2
⑥	法人税の納税申告書（別表１「税務署の受付が確認できるもの」、及び別表４）		2
⑦	法人税の納税証明書（その２　所得金額用）	1	1
⑧	賃貸借契約書（転貸借契約の場合は「原契約書」「転貸借契約書」「所有者の承諾書」） ※自己所有の場合は、不動産登記簿謄本	（1）	2 （1）
⑨	派遣元責任者の住民票の写し（本籍地、または国籍及び在留資格記載のもの） ※役員が兼務する場合は不要 ※マイナンバー（個人番号）の記載のないもの（全世帯分は不要となります）	1	1
⑩	派遣元責任者の履歴書 ※役員が兼務する場合は不要 ※写真は不要 ※「氏名」「生年月日」「住所」「最終学歴」「職歴」「賞罰の有無」を記載 （職歴は「入社・退社の年月」「役員の就任・退任の年月」「雇用管理経験」を明記し、空白期間のないように「例：求職活動、法人設立準備等」詳細に記入）	1	1
⑪	派遣元責任者講習受講証明書（許可の申請の受理日前３年以内の受講日のものに限る）		2
⑫	個人情報適正管理規程		2
⑬	就業規則又は労働契約の以下の該当箇所 a．教育訓練の受講時間を労働時間として扱い、相当する賃金を支払うことを原則とする取扱いを規定した部分 b．無期雇用派遣労働者を労働者派遣契約の終了のみを理由として解雇しないことを証する書類。 また、有期雇用派遣労働者についても、労働者派遣契約終了時に労働契約が存続している派遣労働者については、労働者派遣契約の終了のみを理由として解雇しないことを証する書類。 労働者派遣契約の終了に関する事項、変更に関する事項及び解雇に関する事項について規定した部分 c．無期雇用派遣労働者又は有期雇用派遣労働者であるが労働契約期間内に労働者派遣契約が終了した者について、次の派遣先を見つけられない等、使用者の責に帰すべき事由により休業させた場合には、労働基準法第26条に基づく手当を支払うことを規定した部分		2
⑭	派遣労働者のキャリア形成を念頭においた派遣先の提供のための事務手引き、マニュアル等又はその概要の該当箇所		2

参考資料・・・ 複数事業所を同時申請する場合、①～②は申請する事業所ごとに用意してください

		提出部数	
		原本	コピー
①	自己チェックシート　（様式第15号）［全３頁］	1	2
②	就業規則（労働基準監督署の受理印があるページ） ※添付書類⑬で就業規則を提出した場合のみ提出が必要		2
③	企業パンフレット等事業内容が確認できるもの（設立直後等で作成していない場合を除く）		2

（厚生労働省ホームページより）

◎「労働者派遣事業許可申請書」の記載ポイント◎

事業主印

様式第１号（第１面）　　　　　　　　　　　　　　　　　　　　　　（日本工業規格Ａ列４）

※ 許可番号	
※ 許可 / 許可有効期間更新 年月日	年　月　日

労働者派遣事業 許可 / ~~許可有効期間更新~~ 申請書

年　月　日

厚 生 労 働 大 臣　殿

申 請 者　　　　事業主印

登記上の本店所在地

労働者派遣事業の適正な運営の確保及び派遣労働者の保護等に関する法律 第５条第１項 / ~~第10条第２項~~ の規定により、下記のとおり 許可 / ~~許可有効期間更新~~ を申請します。

申請者（法人にあつては役員を含む。）は、労働者派遣事業の適正な運営の確保及び派遣労働者の保護等に関する法律第６条各号（個人にあつては第１号から第９号まで、第11号及び第12号）のいずれにも該当せず、同法第36条の規定により選任する派遣元責任者は、未成年者に該当せず、かつ、同法第６条第１号から第８号までのいずれにも該当しないことを誓約します。

（ふりがな） 1 氏名又は名称			
2 住　所	〒（　　　） （　　　）　－		
3 大企業、中小企業の別	1　大企業　　2　中小企業	4 全労働者数	
5 産業分類	名称	分類番号	
6 役員の氏名、役名及び住所（法人の場合）			
（ふりがな） 氏　名	役　名	住　所	
代表者			

中小企業基本法に規定する中小企業者または小規模企業者である場合。

申請する月の前月の末日に雇用している全労働者数。

申請日時点の日本標準産業分類に基づいて記載（細分類）。

住民票上の住所

収入印紙

（消印してはならない。）

貼らずに持参。

所定の欄に記載し得ないときは、別紙に記載して添付する。

様式第１号（第２面）　　　　　　　　（日本工業規格Ａ列４）

7 労働者派遣事業を行う事業所に関する事項

> 労働者派遣事業を行なおうとする事業所をすべて記載（記載し得ないときは別紙に記載して添付する）。

（ふりがな） ① 事業所の名称	② 事業所の所在地 〒（　　　） （　　　）　－
③ 特定製造業務への労働者派遣の実施の有無	有　　　無

> 「有」の場合は、派遣元責任者の製造業務専門派遣元責任者欄に○印を記載。

④ 派遣元責任者の氏名、職名、住所等

（ふりがな） 氏　名	職　名	住　所	製造業務専門派遣元責任者	キャリア・コンサルティングの担当者

> 派遣労働者の職業生活の設計に関する相談について、派遣労働者が利用する相談窓口にて派遣元責任者が対応する場合は○印を記載。

⑤ キャリア・コンサルティングの担当者の氏名及び職名（④の者と同じ者の場合は記載を要しない）		⑥ 派遣元責任者の職務代行者の氏名及び職名	
（ふりがな） 氏　名	職　名	（ふりがな） 氏　名	職　名

⑧ 事業所枝番号（更新の申請時のみ記載）	※

（ふりがな） ① 事業所の名称	② 事業所の所在地 〒（　　　） （　　　）　－
③ 特定製造業務への労働者派遣の実施の有無	有　　　無

④ 派遣元責任者の氏名、職名、住所等

（ふりがな） 氏　名	職　名	住　所	製造業務専門派遣元責任者	キャリア・コンサルティングの担当者

⑤ キャリア・コンサルティングの担当者の氏名及び職名（④の者と同じ者の場合は記載を要しない）		⑥ 派遣元責任者の職務代行者の氏名及び職名		⑦備考
（ふりがな） 氏　名	職　名	（ふりがな） 氏　名	職　名	

⑧ 事業所枝番号（更新の申請時のみ記載）	※

> 記入しない

8　許可年月日	年　　月　　日	9　許可番号	
10 事業開始予定年月日	年　　月　　日		
11 その他			

> 許可申請に係る担当者の氏名、職名、連絡先を記載。

6-4

労働者派遣事業計画書の作成のしかた

労働安全衛生法や教育訓練に関する記載も必要

労働者派遣事業の許可を受けるためには、許可申請書とともに「**労働者派遣事業計画書**」（様式第３号）の提出が義務づけられています。

これは、派遣事業を行なうにあたって、その事業計画や教育訓練計画を届け出るものです。この書式も、厚生労働省や都道府県労働局などのホームページからダウンロードできます。

186〜189ページに掲載した「労働者派遣事業計画書」を記入する際の主なポイントをあげると次のとおりです。

書式Ⅱの６欄「**労働安全衛生法第59条の規定に基づく安全衛生教育**」は、主な教育訓練計画を、教育訓練コース単位で記載します。

実施内容が、労働安全衛生法第59条で定める雇入れ時の教育に該当する場合は、労働安全衛生規則第35条１項各号のうち該当する号数に応じた「１」から「８」までの数字を、作業内容変更時の教育に該当する場合は「９」を、危険有害業務に関する安全または衛生のための特別の教育である場合は「10」を、その教育の主な内容に応じて最大２つまで記載してください。

ちなみに、労働安全衛生規則第35条１項各号とは、次のとおりです。

- １号…機械等、原材料等の危険性または有害性およびこれらの取扱い方法に関すること
- ２号…安全装置、有害物抑制装置または保護具の性能およびこれらの取扱い方法に関すること
- ３号…作業手順に関すること
- ４号…作業開始時の点検に関すること
- ５号…当該業務に関して発生するおそれのある疾病の原因および予防に関すること
- ６号…整理、整頓および清掃の保持に関すること

- 7号…事故時等における応急措置および退避に関すること
- 8号…前各号に掲げるもののほか、当該業務に関する安全または衛生のために必要な事項

なお、これらの安全衛生教育は、事業主の義務として業務時間中に行なうものなので、無償かつ有給で行ないます。

書式Ⅱの7欄「**その他の教育訓練**」についても、主な教育訓練計画を、教育訓練コース単位で、様式第3号－2の4欄「**キャリアアップに資する教育訓練**」に記載したもの以外のものを記載します。

どのような教育訓練を行なうかについては、一義的には派遣元事業主の裁量に委ねられますが、たとえば、マナー研修やコンプライアンス研修のようなものがあげられるでしょう。また、この教育訓練についても、無償かつ有給で行ないます。

知っとコラム

許可番号のしくみ

許可番号は、都道府県労働局において許可し得る内容であると判断して収入印紙に消印するときに、その派遣元事業主固有の許可番号および各事業所の事業所枝番号が付与されます。

許可番号および事業所枝番号は付与後、住所の変更等により事業主管轄労働局が変更される場合を除き、変更されることはありません。

許可番号は次のように設定されています。

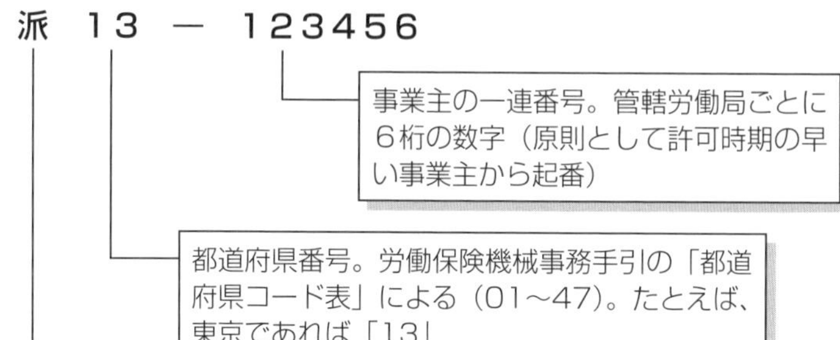
派　13　—　123456
事業主の一連番号。管轄労働局ごとに6桁の数字（原則として許可時期の早い事業主から起番）
都道府県番号。労働保険機械事務手引の「都道府県コード表」による（01～47）。たとえば、東京であれば「13」
労働者派遣事業である旨の表示

◎「労働者派遣事業計画書」の記載ポイント◎

様式第３号（第１面）　　（日本工業規格Ａ列４）

労働者派遣事業計画書

Ⅰ　計画事業所の概要

所定の欄に記載し得ないときは、別紙に記載して添付。

（ふりがな） 1 事業所の名称	
2 計画対象期間	

2 計画対象期間 ← 事業開始を予定する日、許可の有効期間の更新を予定する日から、許可の有効期間の末日を含む事業年度の終了の日まで。

3 資産等の状況

区　分		価　額（円）	摘　要
	現金・預金		
	土地・建物		
	その他		
資産額（計）			
負債額（計）			

3 資産等の状況 ← 企業全体の状況を記載。
法人：直近の決算期における資産等の状況
個人：納税期末日における資産等の状況

4 株主の状況

氏名又は名称	所有株式数	割合（%）
1		
2		
3		
4		
5		
その他の株主　（　　名）		
合計　（　　名）		

4 株主の状況 ← 株式会社のみ持株数の多い５人を記載。

5 労働保険等の加入状況

			未加入の場合の誓約（自署によること）
① 労働保険等の加入状況	雇用保険	1 有　2 無	
	健康保険	1 有　2 無	
	厚生年金保険	1 有　2 無	
② 労働保険番号			
③ 雇用保険適用事業所番号			
ア 当該事業所の派遣労働者数（人）			
イ うち雇用保険の未加入派遣労働者数（人）			
④ 事業所整理記号			
⑤ 事業所番号			
ア 当該事業所の派遣労働者数（人）			
イ うち健康保険の未加入派遣労働者数（人）			
ウ うち厚生年金保険の未加入派遣労働者数（人）			

未加入の場合の誓約 ← 加入対象となる派遣労働者がいないため未加入の場合は、加入業務が生じた際に必ず加入する旨を誓約。

③ア 当該事業所の派遣労働者数（人） ← 申請する月の前月末日に雇用している全労働者のうち派遣労働者の実人数。

③イ うち雇用保険の未加入派遣労働者数（人） ← アのうち適用除外事由に該当する者も含めた雇用保険未加入の派遣労働者の実人数。

⑤ア 当該事業所の派遣労働者数（人） ← 申請する月の前月末日に雇用している全労働者のうち派遣労働者の実人数。

⑤イ うち健康保険の未加入派遣労働者数（人） ← アのうち適用除外事由に該当する者も含めた健康保険未加入の派遣労働者の実人数。

⑤ウ うち厚生年金保険の未加入派遣労働者数（人） ← アのうち適用除外事由に該当する者も含めた厚生年金保険未加入の派遣労働者の実人数。

6 民営職業紹介事業との兼業の有無	1 有　2 同時申請・申請中　3 無	許可番号・届出番号	
7 請負事業との兼業の有無	1 有　2 無	うち構内請負の実施	1 有　2 無
8 事業所の面積(㎡)			

9 備考

1日当たりの派遣労働者の労働時間数の合計をその事業所における通常の労働者の1人1日当たりの労働時間数で除した数を記載。

様式第３号（第２面）　　（日本工業規格Ａ列４）

Ⅱ　労働者派遣計画

1 登録制度の実施	1 有　　2 無

2 派遣労働者として雇用すること等が予定される1日当たり平均人数

	計	うち1年以上の雇用予定の者	うち1年未満の雇用予定の者	登録者
①派遣労働者総数計（人）				
②無期雇用派遣労働者（人）		―	―	―
③有期雇用派遣労働者（人）				
④日雇派遣労働者（人）				

3 労働者派遣の役務の提供を受ける者の確保の対象地域

4 指揮命令の系統

労働者派遣事業関係業務に従事する者の指導命令の系統および派遣元責任者（職務代行者を含む）の地位を記載。

5 労働者派遣に関する事業所の平均的な料金及び派遣業務別の料金の額

		①平均的な1人1日（8時間）当たりの派遣料金	②平均的な1人1日（8時間）当たりの賃金	③その他	④労働保険料（事業主負担分）	⑤社会保険料（事業主負担分）
全派遣業務平均						
職業分類番号	派遣業務内容					

計画対象期間における労働者派遣に関する平均的な1人1日当たりの労働者派遣に関する料金の額、平均的な1人1日当たりの派遣労働者の賃金額およびその労働者派遣に関して事業主が負担するその他の総額、このうち労働保険料および社会保険料の事業主負担額を記載。

6 労働安全衛生法第59条の規定に基づく安全衛生教育

	教育の内容及び当該内容に係る労働安全衛生法又は労働安全衛生規則の該当番号	教育の方法の別 1 座学 ・ 2 実技	教育の実施主体の別 1 事業主・2 派遣先・3 教育機関・4 その他	1人当たりの平均実施時間
①				
②				
③				
④				
⑤				

教育の内容
具体的に記載する。
例：危険予知活動、４Ｓ（整理・整頓・清掃・清潔）運動
実施予定の平均的な教育訓練時間。

7 その他の教育訓練（6及び様式第３号－２に係るものを除く）

	訓練の内容	訓練の方法の別 1 OJT ・ 2 OFF-JT	訓練の実施主体の別 1 事業主・2 派遣先・3 訓練機関・4 その他	訓練費負担の別 1 無償（実費負担なし）・2 無償（実費負担あり）・3 有償	賃金支給の別 1 有給（無給部分なし）・2 有給（無給部分あり）・3 無給	1人当たりの平均実施時間
①						
②						
③						

8 6及び7の教育訓練に用いる施設、設備等の概要、教育の実施責任者の役職・氏名

9 海外派遣の予定の有無	1 有　　2 無

実施責任者は、安全衛生教育の実施に責任を有する者の地位および氏名を記載。

キャリア・コンサルタントでない者で、キャリア・コンサルティングの知見を有する者。

（日本工業規格Ａ列４）

様式第３号－２（第１面）

キャリア形成支援制度に関する計画書

1 キャリア・コンサルティングの担当者の人数

		計	うち社内の者	うち社外の者	うち派遣元責任者との兼任状況	キャリア・コンサルティングに関する具体的な職務経験又はその有する知見
計						（具体的に記載すること）
	キャリア・コンサルタント				－	
	上記以外の担当者				－	
	営業職					
	その他					

例：職業能力開発推進者○年、○年間の人事経験あり

2 キャリア・コンサルティング窓口

窓口の開設方法	キャリア・コンサルティングを行う場所	備考
1 事務所内に設置・2 電話での相談窓口の設置・3 e-mailでの専用窓口の設置・4 専用WEBサイトの設置・5 その他	1 社内（本社、支社等を含む）の特定の場所・2 社内の不特定の場所・3 派遣先の特定の場所・4 派遣先の不特定の場所・5 社外・6 その他	

3 キャリア・コンサルティングに関するマニュアル等の有無

1 有　　2 無

キャリア・コンサルティングに係るマニュアルまたは概要を参考資料として添付する。

4 キャリアアップに資する教育訓練

	キャリアアップ措置の種別（1 入職時等基礎的訓練、2 職能別訓練、3 職種転換訓練、4 階層別訓練、5 その他の教育）	具体的な教育訓練	対象となる派遣労働者の種別（1 雇入時・2 派遣中・3 待機中・4 入社○年目（階層別訓練の場合のみ選択のこと）・5 その他）	具体的な対象労働者	人数	1人当たり年間平均実施時間 1年目	2年目	3年目	4年目以降	訓練の方法の別 1 OJT・2 OFF-JT	訓練費負担の別 1 無償（実費負担なし）・2 無償（実費負担あり）・3 有償	賃金支給の別 1 有給（無給部分なし）・2 有給（無給部分あり）・3 無給
①												
②												
③												
④												
⑤												
⑥												
⑦												
⑧												
1人当たりの平均実施予定時間の合計（「訓練費負担の別」が「1 無償（実費負担なし）」であり、「賃金支給の別」が「1 有給（無給部分なし）」であるもののみ合計可。）												

例：課長就任研修、中国語研修

例：初めて派遣する労働者、待期中の者

ある訓練を１年目、２年目とそれぞれ段階ごとに行なう場合は、１つの同じコースのなかで、それぞれの年数の欄に記載。

「キャリアアップに資する教育訓練」実施にあたって支払う賃金額（1人1時間当たり平均）	
備考	

※　1人当たりの平均実施予定時間が、年間概ね8時間に満たない場合、備考欄にその具体的理由を記載すること

キャリアアップに資する教育訓練時における賃金の平均額を記載。

5 上記教育訓練が、キャリアアップに資すると考える理由

6 無期雇用派遣労働者への中長期的なキャリア形成を考慮に入れた教育訓練の実施	1 有　　2 無	備考	

7 上記6の実施にあたってどのようなことを考慮しているのかを具体的に記載すること

8 派遣労働者のキャリアアップ措置に係る教育訓練に用いる施設、設備等の概要

※　様式第3号の8欄と異なる場合のみ記載すること

9 教育訓練等の情報を管理した資料の保存期間が労働契約終了後3年間以上あること	1 有　　2 無

10 備考

※労働局記載欄

（日本工業規格Ａ列４）

様式第３号－３

雇用保険等の被保険者資格取得の状況報告書

年　月　日

雇用保険等の被保険者資格取得の状況について、下記の通り報告します。

（ふりがな） １ 事業所の名称	

【雇用保険】

２ 適用事業所番号		３ 派遣労働者のうち、未加入者数（人）	人

４ 未加入者の氏名及び未加入の理由

氏　名	未加入の理由	未加入の具体的な理由（⑤その他を選択した場合に記載すること）

派遣労働者のうち、雇用保険等の未加入者がいる場合に提出する。

【雇用保険の未加入の理由】
① 65歳に達した日以後に雇用される者
② １週間の所定労働時間が20時間未満である者
③ 同一の事業主の適用事業に継続して31日以上雇用されることが見込まれない者
④ 昼間学生（労働者派遣法施行令第４条第２項第２号に掲げる者をいう。）
⑤ その他（その他を選択した場合は、必ず具体的な理由を記載すること。）

【健康保険・厚生年金保険】

５	事業所番号		６	派遣労働者のうち、未加入者数（人）	健康	人
	事業所整理記号				厚生	人

７ 未加入者の氏名及び未加入の理由

氏　名	種類	未加入の理由	未加入の具体的な理由（⑤その他を選択した場合に記載すること）
	健康		
	厚生		
	健康		
	厚生		
	健康		
	厚生		
	健康		
	厚生		
	健康		
	厚生		

【健康保険・厚生年金保険の未加入の理由】
① １日の所定労働時間が、一般社員の概ね４分の３未満である者
② １週間の所定労働時間が、一般社員の概ね４分の３未満である者
③ １か月の勤務日数が、一般社員の所定労働日数の概ね４分の３未満である者
④ ２か月以内の期間を定めて使用される者
⑤ その他（その他を選択した場合は、必ず具体的な理由を記載すること。）

（記載要領）
1　本様式は、派遣労働者のうち、雇用保険等の未加入者がいる場合に提出を要すること。
2　雇用保険等の資格取得状況について、許可又は更新の申請日における状況を本様式に記載すること。
3　１欄は、該当事業所の名称を記載すること。
4　２欄、３欄、５欄及び６欄には、様式第３号５欄において労働保険等の加入状況を記載したものを記載すること。
5　４欄及び７欄には、未加入の理由をそれぞれ①から⑤のうちから選択すること。なお、⑤その他を選択した場合は、未加入の具体的な理由を必ず記載すること。
6　７欄について、健康保険・厚生年金保険の種類それぞれの状況を記載すること。
7　所定の欄に記載し得ないときは、別紙に記載して添付すること。

6-5

マイナンバー・個人情報に関して適正な管理が要求される

個人情報の適正管理が求められる具体的な事項

労働者派遣事業を行なう際には、個人情報の適正管理について以下のような事項を定めるよう求められています。

①派遣元は、その保管または使用に係る個人情報に関し、次に掲げる措置を適切に講ずるとともに、派遣労働者等からの求めに応じ、その内容を説明しなければなりません。

- 個人情報を目的に応じ必要な範囲において正確かつ最新のものに保つための措置
- 個人情報の紛失、破壊および改ざんを防止するための措置
- 正当な権限を有しない者による個人情報へのアクセスを防止するための措置
- 収集目的に照らして保管する必要がなくなった（本人からの破棄や削除の要望があった場合を含む）個人情報を破棄または削除するための措置

②派遣元が、派遣労働者の秘密（本籍地、出身地、支持・加入政党、政治運動歴、借入金額、保証人となっている事実等）に該当する個人情報を知り得た場合には、その個人情報が正当な理由なく他人に知られることのないよう、厳重な管理を行なわなければなりません。

③派遣元事業主は、次に掲げる事項を含む「個人情報適正管理規程」を作成するとともに、自らこれを遵守し、かつ、その従業員にこれを遵守させなければなりません。

- 個人情報を取り扱うことができる者の範囲に関する事項
- 個人情報を取り扱う者に対する研修等教育訓練に関する事項
- 本人から求められた場合の個人情報の開示または訂正、削除の取扱いに関する事項
- 個人情報の取扱いに関する苦情の処理に関する事項

マイナンバーの収集・利用

マイナンバー制度の開始に伴い、派遣元事業主は、派遣労働者やその扶養家族のマイナンバーを給与所得の源泉徴収票や社会保険の被保

◎「個人情報適正管理規程」のモデル例◎

第１条（個人情報の取扱い）
個人情報を取り扱う事業所内の職員の範囲は、営業課派遣事業係および人事部とすることとする。個人情報取扱責任者は、人事部長　高橋　三郎とすることとする。

第２条（教　育）
派遣元責任者は、個人情報を取り扱う前条に定める事業所内の職員に対し、個人情報の取扱いに関する教育・指導を年１回実施することとする。また、派遣元責任者は少なくとも３年に１回は派遣元責任者講習を受講し、個人情報の保護に関する事項等の知識・情報を得るよう努めることとする。

第３条（本人への開示および訂正）
第１条の個人情報取扱責任者は、派遣労働者等から本人の個人情報について開示の請求があった場合は、その請求に基づき本人が有する資格や職業経験等客観的事実に基づく情報の開示を遅滞なく行なうこととする。さらに、これに基づく訂正（削除を含む。以下同じ）の請求があった場合は、当該請求の内容が客観的事実に合致するときは、遅滞なく訂正を行なうこととする。

また、個人情報の開示または訂正に係る取扱いについて、派遣元責任者は派遣労働者等への周知に努めることとする。

第４条（苦情への対応）
派遣労働者等の個人情報に関して、当該情報に係る本人からの苦情の申し出があった場合については、苦情処理担当者は誠意をもって適切な処理をすることとする。

なお、個人情報に係る苦情処理担当者は、派遣元責任者　田中 美智子とすることとする。

（附則）
この規定は、20△△年○月○日から施行する。

険者資格取得届などに記載し、行政機関等に提出する必要があります。

登録型の労働者派遣事業の場合、登録したのみでは、雇用されるかどうかは未定でマイナンバーを利用する必要性が認められないため、原則として登録者の個人番号の提供を求めることはできません。ただし、登録時にしか本人確認をしたうえで個人番号の提供を求める機会がなく、実際に雇用する際の給与支給条件等を決める等、近い将来雇用契約が成立する確実性が高いと認められる場合には、雇用契約が成立した場合に準じて、個人番号の提供を求めることができます。

6-6

事業開始後の労働者派遣事業報告書等の提出

「労働者派遣事業報告書」の提出

派遣元事業主は、事業所ごとの毎事業年度における業務の運営状況および毎年６月１日現在の業務の運営状況の２つの内容を「**労働者派遣事業報告書**」（様式第11号）により、毎年６月30日までに事業主管轄労働局を通じて厚生労働大臣に提出しなければなりません。

この事業報告は、派遣元事業主の事業所ごとの事業年度の事業報告であり、派遣労働者の数、労働者派遣の役務の提供を受けた者の数、労働者派遣に関する料金・賃金の額、労働者派遣事業の売上高、キャリアアップに資する教育訓練の実施状況等を記載します。

「収支決算書」の提出

派遣元事業主は、その事業年度における資産等の状況および労働者派遣事業の売上等の状況について、「**収支決算書**」（様式第12号）により毎事業年度経過後３か月以内に事業主管轄労働局を経て厚生労働大臣に提出しなければなりません。

派遣元事業主が法人である場合は、収支決算書に代えて、その事業年度における労働者派遣事業に係る貸借対照表および損益計算書（確定した決算であること）を提出しても差し支えありません。

また、派遣元事業主が個人で青色申告をしている場合には、収支決算書に代えて、その事業年度に係る所得税青色申告決算書（一般用）にある貸借対照表および損益計算書（税務署に提出したもの）を提出しても差し支えありません。

なお、労働者派遣事業以外の事業と兼業している場合は、収支決算書については、事業区分単位のもので労働者派遣事業に係る内容を確認できるものであることが必要です。ただし、事業区分単位の決算としていない場合等、把握することが困難な場合等はその事業主の行なう事業全体の趣旨の状況を記載するものでも差し支えありません。

◎「労働者派遣事業報告書」の記載ポイント◎

様式第11号（第１面）

事業主印

（日本工業規格Ａ列４）

許可番号	
事業所枝番号	
許可年月日	年　月　日

労働者派遣事業報告書（年度報告）（６月１日現在の状況報告）

年　月　日

厚生労働大臣　殿

提出者　事業主印

労働者派遣事業の適正な運営の確保及び派遣労働者の保護等に関する法律第23条第１項の規定により、下記のとおり事業報告書を提出します。

（ふりがな） 1 氏名又は名称			
2 住所	〒（　　） （　　）　－		
（ふりがな） 3 代表者の氏名（法人の場合）		役名	
（ふりがな） 4 事業所の名称			
5 事業所の住所	〒（　　） （　　）　－		
6 大企業、中小企業の別	1 大企業　2 中小企業		
7 産業分類	名称	分類番号	
8 事業年度の開始の日及び当該事業年度の終了の日			
9 民営職業紹介事業との兼業	1 有　2 無	許可・届出番号	
10 親会社の名称		備考	
①労働者派遣事業の許可番号		②民営職業紹介事業の許可・届出番号	
11 請負事業の実施	1 有　2 無	うち構内請負の実施	1 有　2 無
12 労働者派遣事業の売上高		13 請負事業の売上高	
14 備考			
※労働局記入欄			

許可申請時もしくは直近の更新時における企業規模。

事業年度の開始の日からその事業年度の終了の日まで。

有している場合に記載。

決算後の金額

決算後の金額

労働者派遣事業と請負により行なわれる事業との区別に関する基準により請負事業となる事業を実施している場合。

製造業に分類される事業者であって、発注者の事業所構内において、自社の雇用する労働者を使用し、生産活動を請け負っている場合。

事業主印

様式第11号（第２面）

（日本工業規格Ａ列４）

Ⅰ　年度報告

（１）派遣労働者数等雇用実績（実人数）（報告対象期間末日現在）

	計	通算雇用期間が１年以上の派遣労働者	うち同じ職場に１年以上派遣見込みの者	通算雇用期間が１年未満の派遣労働者	うち同じ職場に１年以上派遣見込みの者
①全労働者		－	－	－	－
②派遣労働者総計					
③無期雇用派遣労働者					
④有期雇用派遣労働者					
⑤日雇派遣労働者					
⑥登録者　※					

※登録制度のある事業主のみ

登録制度により、派遣労働者になることを目的として派遣元事業主に登録した者であって、すでに雇用されている者を含み、過去１年を超える期間にわたり雇用されたことのない者を除く。

（２）海外派遣労働者数（実人数）

報告対象期間内に労働者を派遣しなかった場合は「０」と記載。

（３）派遣先に関する事項

①派遣先事業所数（実数）

②労働者派遣契約の期間別件数（延べ件数）

総件数	１日以下のもの	１日を超え７日以下のもの	７日を超え１月以下のもの	１月を超え２月以下のもの	２月を超え３月以下のもの	３月を超え６月以下のもの	６月を超え１２月以下のもの	１年を超え３年以下のもの	３年を超えるもの	労働者派遣契約がなかった

③主な派遣先事業主（取引額上位５社）

氏名又は名称	所在地

（４）教育訓練（キャリアアップに資するものを除く）の実績

① 労働安全衛生法第59条の規定に基づく安全衛生教育

	教育の内容及び当該内容に係る労働安全衛生法又は労働安全衛生規則の該当番号	教育の内容	教育の方法の別　１ 座学・２ 実技	教育の実施主体の別　１ 事業主・２ 派遣先・３ 教育機関・４ その他	受講した派遣労働者数	１人当たりの平均実施時間
イ						
ロ						
ハ						
ニ						
ホ						

② その他の教育訓練（①及び（９）に係るものを除く）

	訓練の内容	訓練の方法の別　１ OJT・２ OFF-JT	訓練の実施主体の別　１ 事業主・２ 派遣先・３ 訓練機関・４ その他	訓練費負担の別　１ 無償（実費負担なし）・２ 無償（実費負担あり）・３ 有償	賃金支給の別　１ 有給（無給部分なし）・２ 有給（無給部分あり）・３ 無給	１人当たりの平均実施時間
イ						
ロ						
ハ						

（５）紹介予定派遣に関する事項

イ　紹介予定派遣に係る労働者派遣契約の申込人数（人）	ロ　紹介予定派遣により労働者派遣をした労働者数（人）	ハ　紹介予定派遣において職業紹介を実施した労働者数（人）	ニ　紹介予定派遣で職業紹介を経て直接雇用に結びついた労働者数（人）

（６）雇用安定措置（法第30条）の措置の実績

期間	対象派遣労働者数	第１号の措置（派遣先への直接雇用の依頼）を講じた人数	うち、派遣先で雇用された人数	第２号の措置（新たな派遣先の提供）を講じた人数	第３号の措置（派遣元で派遣労働者以外の労働者として無期雇用）を講じた人数	第４号の措置（その他の措置）を講じた人数　教育訓練（雇用を維持したままのものに限る）	紹介予定派遣（※２）	左記以外のその他の措置	備考
計									
３年見込み									
２年半から３年未満見込み									
２年から２年半未満見込み									
１年半から２年未満見込み									
１年から１年半未満見込み									
１年未満見込み（※１）									

※１　「１年未満見込み」については、派遣元での通算雇用期間が１年以上の者（登録中の者を含む）に限る。

※２　（５）欄の「イ　紹介予定派遣に係る労働者派遣契約の申込人数（人）」の内数であること。

派遣先の同じ職場への派遣期間の見込みの期間。

様式第11号（第３面）　　　　（日本工業規格A列4）

（7）派遣料金及び派遣労働者の賃金（1日（8時間当たり）の額）に関する事項

① 業務別派遣料金及び派遣労働者の賃金（1日（8時間当たり）の額）
（日雇派遣労働者を除く）

	派遣料金（1日（8時間当たり）の額）			派遣労働者の賃金（1日（8時間当たり）の額）		
	派遣労働者平均	無期雇用派遣労働者	有期雇用派遣労働者	派遣労働者平均	無期雇用派遣労働者	有期雇用派遣労働者
全業務平均						
01 管理的公務員						
02 法人・団体役員						
03 法人・団体管理職員						
04 その他の管理的職業従事者						
05 研究者						
06 農林水産技術者						
07 08 製造技術者						
09 建築・土木・測量技術者						
10 情報処理・通信技術者						
11 その他の技術者						
12 医師，歯科医師，獣医師，薬剤師						
13 保健師，助産師，看護師						
14 医療技術者						
15 その他の保健医療従事者						
16 社会福祉専門職業従事者						
17 法務従事者						
18 経営・金融・保険専門職業従事者						
19 教員						
20 宗教家						
21 著述家，記者，編集者						
22 美術家，デザイナー，写真家，映像撮影者						
23 音楽家，舞台芸術家						
24 その他の専門的職業従事者						
25 一般事務従事者						
26 会計事務従事者						
27 生産関連事務従事者						
28 営業・販売事務従事者						
29 外勤事務従事者						
30 運輸・郵便事務従事者						
31 事務用機器操作員						
32 商品販売従事者						
33 販売類似職業従事者						
34 営業職業従事者						
35 家庭生活支援サービス職業従事者						
36 介護サービス職業従事者						
37 保健医療サービス職業従事者						
38 生活衛生サービス職業従事者						

１日１人当たりの派遣料金（消費税を含む）を記載し、報告対象期間内において派遣先から得た派遣料金の総額を派遣労働者が従事した総労働時間数で除した１時間当たりの金額をもとに、８時間（１日）業務に従事したものとして算定（小数点以下四捨五入）。

１人１日当たりの賃金を記載し報告対象期間内において派遣労働者に支払った賃金の総額を派遣労働者が従事した総労働時間数で除した１時間当たりの金額をもとに８時間（１日）業務に従事したものとして算定（小数点以下四捨五入）。

② 日雇派遣労働者の業務別派遣料金（1日（8時間当たり）の額）

	日雇派遣労働者の派遣料金（1日（8時間当たり）の額）
全業務平均	
4－1（情報処理システム開発）	
4－2（機械設計）	
4－3（事務用機器操作）	
4－4（通訳、翻訳、速記）	
4－5（秘書）	
4－6（ファイリング）	
4－7（調査）	
4－8（財務）	
4－9（貿易）	
4－10（デモンストレーション）	
4－11（添乗）	
4－12（受付・案内）	
4－13（研究開発）	
4－14（事業の実施体制の企画、立案）	
4－15（書籍等の制作・編集）	
4－16（広告デザイン）	
4－17（ＯＡインストラクション）	
4－18（セールスエンジニアの営業、金融商品の営業）	

第４面～第７面は省略します。

6-7

派遣元事業主は関係派遣先割合の報告が必要

グループ企業内への派遣は制限される

グループ企業内の派遣会社が、グループ企業にばかり労働者派遣をすると、派遣会社はグループ企業内の第二人事部的な役割になってしまいかねません。そうなれば、労働力需給調整システムとして位置づけられた労働者派遣事業制度の趣旨に鑑みて、適切とはいえなくなってしまいます。

そこで、派遣元事業主がグループ企業（**関係派遣先**）に労働者派遣をするときには、その割合が80％以下になるよう制限されており、「**関係派遣先派遣割合報告書**」（様式第12号－２）により、管轄都道府県労働局を経て厚生労働大臣に報告することになっています。なお、関係派遣先派遣割合報告書の提出期限は、事業年度経過後３か月以内です。ちなみに、関係派遣先の範囲は以下のとおりです。

【連結財務諸表を作成しているグループ企業】

①派遣元事業主を連結子会社とする者

②派遣元事業主を連結子会社とする者の連結子会社

【連結財務諸表を作成していないグループ企業】

③派遣元事業主の親会社等

④派遣元事業主の親会社等の子会社等

関係派遣先派遣割合は、60歳以上の定年退職者を除いた派遣労働者の関係派遣先での派遣就業に係る総労働時間を、その派遣元で雇用される派遣労働者全員の派遣就業に係る総労働時間で除すことによって算出されます。

なお、事業年度の途中で、関係派遣先の範囲に変更が生じた場合には、変更があった時点からの派遣割合を計算します。ただし、決算書類にもとづいて、前々事業年度末または前事業年度末のグループ企業の範囲を、前事業年度の関係派遣先の範囲とし、計算することも可能です。

◎「関係派遣先派遣割合報告書」の記載ポイント◎

事業主印

様式第12号－２（表面）　　（日本工業規格Ａ列４）

関係派遣先派遣割合報告書

年　月　日

厚　生　労　働　大　臣　　殿

提　出　者　　事業主印

労働者派遣事業の適正な運営の確保及び派遣労働者の保護等に関する法律第23条第３項の規定により関係派遣先への派遣割合に係る報告を提出します。

事業年度開始の日から終了の日まで。→ 報告対象期間　年　月　日から　年　月　日まで

① 許可番号	-	②許可年月日	年　月　日
（ふりがな） ② 氏名又は名称			
（ふりがな） ③ 代表者の氏名（法人の場合）			
④ 住所 （法人にあっては主たる事務所の所在地）	〒（　　） （　）　－		

1　労働者派遣実績報告

① 労働者派遣の実績（総労働時間）	
② ①のうち、関係派遣先への労働者派遣の実績（総労働時間）	
③ ②のうち、定年退職者の労働者派遣の実績（総労働時間）	
④ 関係派遣先への派遣割合（％）（※１、※２） ※１　（②－③）÷①×100で算出した値を記入 ※２　小数点以下第１位未満切り捨て	

60歳以上の定年に達したことにより退職した者。

2　連結決算導入の有無	1　有　　2　無

3　備考

「無」の場合は、派遣元事業主の親会社等の名称および派遣元事業主の親会社等の子会社等の名称を記載した書類を添付する。

関係派遣先をもたない派遣元事業主や、報告対象の期間内に派遣事業を行なった実績がない派遣元事業主にも、提出の義務があります。

6-8

労働者派遣事業の許可更新のしかた

更新手続きの際には手数料が必要に

労働者派遣事業の許可の有効期間は、**初回については３年、その後は５年**で、この許可の有効期間が満了した場合は、許可は失効してしまいます。

引き続き労働者派遣事業を行なおうとする場合には、許可の**有効期間が満了する日の３か月前まで**に、都道府県労働局を経由して厚生労働大臣に対して「**許可有効期間更新申請**」を行なう必要があります。

許可の更新を行なう際には、手数料として５万5,000円に労働者派遣の事業所の数を乗じた金額の収入印紙を用意する必要があります。

なお、許可の有効期間更新の手続きや要件等は、新規許可の際とほぼ同様で、提出する書式も同じ様式第１号（「**労働者派遣事業許可有効期間更新申請書**」）と様式第３号（「労働者派遣事業計画書」）です。

この場合、添付資料等として右ページの書類をあわせて提出します。

派遣事業許可の有効期間の更新は、更新前と許可内容の同一性を存続させながら、その有効期間のみを延長させるものです。そのため、許可の有効期間の更新に際して、変更の届出を行なう必要がある事項があれば、許可の有効期間の更新の手続きとあわせて、変更の手続きを行なう必要があります。

新規に許可申請した際に求められた財産的基礎に関する判断では、高いハードルが設置されていましたが、この許可の更新時においても同様の基準をクリアする必要があります。

したがって、基準を満たせなかった場合は、更新が認められなくなってしまいます。更新時期を迎えてから慌てないように、ふだんから財産的基礎要件を意識しながら、事業運営を展開していかなければなりません。

◎事業主が法人の場合の提出書類一覧◎

提出様式・・・

		提出部数	
		原本	コピー
①	労働者派遣事業許可有効期間更新申請書（様式第１号）［第１面・第２面］	1	2
②	労働者派遣事業計画書（様式第３号）［第１面〜第２面］ ※複数事業所を同時申請する場合、事業所ごとに作成	1	2
③	キャリア形成支援制度に関する計画書（様式第3-2号）［第１面］ ※複数事業所を同時申請する場合、事業所ごとに作成	1	2
④	雇用保険等の被保険者資格取得の状況報告書（様式第3-3号）［第１面］ ※派遣労働者のうち雇用保険等の未加入者がいる場合のみ事業所ごとに作成	1	2

添付書類・・・

		原本	コピー
①	最近の事業年度に係る貸借対照表・損益計算書・株主資本等変動計算書		2
②	法人税の納税申告書（別表１「税務署の受付が確認できるもの」、及び別表４）		2
③	法人税の納税証明書（その２　所得金額用）	1	1
④	派遣元責任者講習受講証明書（３年以内に１回の受講が必要となります）		2
⑤	就業規則又は労働契約の以下の該当箇所 a．教育訓練の受講時間を労働時間として扱い、相当する賃金を支払うことを原則とする取扱いを規定した部分 b．無期雇用派遣労働者を労働者派遣契約の終了のみを理由として解雇しないことを証する書類。 また、有期雇用派遣労働者についても、労働者派遣契約終了時に労働契約が存続している派遣労働者については、労働者派遣契約の終了のみを理由として解雇しないことを証する書類。 労働者派遣契約の終了に関する事項、変更に関する事項及び解雇に関する事項について規定した部分 c．無期雇用派遣労働者又は有期雇用派遣労働者であるが労働契約期間内に労働者派遣契約が終了した者について、次の派遣先を見つけられない等、使用者の責に帰すべき事由により休業させた場合には、労働基準法第２６条に基づく手当を支払うことを規定した部分		2
⑥	派遣労働者のキャリア形成を念頭においた派遣先の提供のための事務手引き、マニュアル等又はその概要の該当箇所		2

参考資料・・・ 複数事業所を同時申請する場合、①②は申請する事業所ごとに用意してください

		原本	コピー
①	自己チェックシート（様式第15号）［全３頁］	1	2
②	就業規則（労働基準監督署の受理印があるページ） ※添付書類⑤で就業規則を提出した場合のみ提出が必要		2
③	企業パンフレット等事業内容が確認できるもの（設立直後等で作成していない場合を除く）		2

（厚生労働省ホームページより）

◎「労働者派遣事業認可有効期間更新申請書」の記載ポイント◎

事業主印

様式第１号（第１面）　（日本工業規格Ａ列４）

※ 許可番号	
※ 許可／許可有効期間更新 年月日	年　月　日

労働者派遣事業 ~~許可~~ 許可有効期間更新 申請書

年　月　日

厚生労働大臣　殿

申請者　事業主印

労働者派遣事業の適正な運営の確保及び派遣労働者の保護等に関する法律 ~~第５条第１項~~ 第10条第２項 の規定により、下記のとおり ~~許可~~ 許可有効期間更新 を申請します。

申請者（法人にあつては役員を含む。）は、労働者派遣事業の適正な運営の確保及び派遣労働者の保護等に関する法律第６条各号（個人にあつては第１号から第９号まで、第11号及び第12号）のいずれにも該当せず、同法第36条の規定により選任する派遣元責任者は、未成年者に該当せず、かつ、同法第６条第１号から第８号までのいずれにも該当しないことを誓約します。

（ふりがな） 1 氏名又は名称					
2 住　所	〒（　　　） （　　　）　－				
3 大企業、中小企業の別	1　大企業　　2　中小企業		4 全労働者数		
5 産業分類	名称			分類番号	
6 役員の氏名、役名及び住所（法人の場合）					
（ふりがな） 氏　名	役　名	住　所			
代表者					

収入印紙
（消印してはならない。）

中小企業基本法に規定する中小企業者または小規模企業者である場合。

申請する月の前月の末日に雇用している全労働者数。

申請日時点の日本標準産業分類に基づき記載（細分類）。

記載不要

貼らずに持参。

所定の欄に記載し得ないときは、別紙に記載して添付する。

事業主印

様式第１号（第２面）　　（日本工業規格Ａ列４）

7 労働者派遣事業を行う事業所に関する事項

（ふりがな）① 事業所の名称	② 事業所の所在地 〒（　　　）（　　　）　－			
③ 特定製造業務への労働者派遣の実施の有無	有　　無			
④ 派遣元責任者の氏名、職名、住所等				
（ふりがな）氏　名	職　名	住　所	製造業務専門派遣元責任者	キャリア・コンサルティングの担当者
⑤ キャリア・コンサルティングの担当者の氏名及び職名（④の者と同じ者の場合は記載を要しない） （ふりがな）氏　名／職　名	⑥ 派遣元責任者の職務代行者の氏名及び職名 （ふりがな）氏　名／職　名	⑦備考		
⑧ 事業所枝番号（更新の申請時のみ記載）	※			

（ふりがな）① 事業所の名称	② 事業所の所在地 〒（　　　）（　　　）　－			
③ 特定製造業務への労働者派遣の実施の有無	有　　無			
④ 派遣元責任者の氏名、職名、住所等				
（ふりがな）氏　名	職　名	住　所	製造業務専門派遣元責任者	キャリア・コンサルティングの担当者
⑤ キャリア・コンサルティングの担当者の氏名及び職名（④の者と同じ者の場合は記載を要しない） （ふりがな）氏　名／職　名	⑥ 派遣元責任者の職務代行者の氏名及び職名 （ふりがな）氏　名／職　名	⑦備考		
⑧ 事業所枝番号（更新の申請時のみ記載）	※			

8 許可年月日	年　月　日	9 許可番号	
10 事業開始予定年月日	年　月　日		
11 その他			

労働者派遣事業を行なおうとする事業所をすべて記載（記載し得ないときは別紙に記載して添付する）。

「有」の場合は、派遣元責任者の製造業務専門派遣元責任者欄に○印を記載。

派遣労働者の職業生活の設計に関する相談について派遣労働者が利用する相談窓口にて派遣元責任者が対応する場合は○印を記載。

記入しない。

有効期間の更新の申請に係る担当者の氏名、職名、連絡者を記載。

派遣元責任者の選任要件

労働者派遣事業を行なう派遣元には、労働者派遣法第36条により**「派遣元責任者」**の選任が義務づけられており（☞3－11項参照）、その選任要件の１つとして一定の「**雇用管理等の経験**」が必要とされています。

この「雇用管理等の経験」とは、人事または労務の担当者（事業主が法人の場合はその役員、支店長、工場長その他事業所の長など、労働基準法第41条２号の「監督もしくは管理の地位にある者」を含む）であったと評価できること、または労働者派遣事業における派遣労働者もしくは登録者等の労務の担当者であったことをいい、次のいずれかに該当する者である必要があります。

①成年に達した後、３年以上の雇用管理の経験を有する者
②成年に達した後、職業安定行政または労働基準行政に３年以上の経験を有する者
③成年に達した後、民営職業紹介事業の従事者として３年以上の経験を有する者
④成年に達した後、労働者供給事業の従事者として３年以上の経験を有する者

なお、派遣元責任者は、苦情処理が必要となった場合には、日帰りで往復することが必要になるので、労働者派遣を行なう場合には、その距離も考慮しなくてはなりません。

また、派遣責任者が不在の場合の臨時の「職務代行者」もあらかじめ選任しておきましょう。

7章

有料職業紹介事業を始めるときの許可の受け方・届出のしかた

労働者派遣事業とは
手続きが異なります。

7-1

職業紹介事業には どんな種類があるか

職業紹介は職業安定法に規定されている

職業紹介とは、職業安定法第４条１項において、「求人および求職の申込みを受け、求人者と求職者との間における雇用関係の成立をあっせんすることをいう」と定義されています。

職業紹介事業の種類には、次の２種類があります。

有料職業紹介事業とは

「**有料職業紹介事業**」とは、職業紹介に際して手数料や報酬を受けて行なう職業紹介事業をいい、厚生労働大臣の許可を受ける必要があります。

有料職業紹介事業の対象となる取扱職業の範囲は、港湾運送業務に就く職業、建設業務に就く職業、その他有料の職業紹介事業を行なうことが、労働者の保護に支障を及ぼすおそれがあるものとして、厚生労働省令で定める職業以外の職業です。ただし、この厚生労働省令で定める職業は、現在定められていません。したがって、多くの職業で有料職業紹介事業を行なうことができることになります。

なお、許可の有効期間は、**初めて許可を受けた場合は３年間、次回以降は５年間**となっています。

無料職業紹介事業とは

「**無料職業紹介事業**」とは、職業紹介に際して、いかなる名義でも手数料や報酬を受けないで行なう職業紹介事業をいい、一般の者が無料職業紹介事業を行なう場合には、厚生労働大臣の許可が必要です。

ただし、例外として、学校、専修学校等、商工会議所等、特別の法律により設立された法人、地方公共団体が行なう場合には、厚生労働大臣への届出や通知により、無料職業紹介事業を行なうことができます。

なお、許可の有効期間は、**一律５年間**です。

◎職業紹介事業の種類◎

職業紹介事業

有料職業紹介事業

職業紹介に際して手数料や報酬を受けて行なうもの

対象取扱職業

❶港湾運送業務に就く職業
❷建設業務に就く職業
以外の職業

無料職業紹介事業

職業紹介に際して、いかなる名義でも手数料や報酬を受けないで行なうもの

一般の者 ⟶ 厚生労働大臣の許可

学校・専修学校等
商工会議所等
} 厚生労働大臣に届出

地方公共団体 ⟶ 厚生労働大臣に通知

7-2

有料職業紹介事業の許可基準

開業時には150万円以上の現金・預貯金が必要

有料職業紹介事業の許可を受けるためには、以下のいずれにも該当しなければなりません。

【財産的基礎の要件】

①資産（繰延資産および営業権を除く）の総額から負債の総額を控除した額（基準資産額）が500万円に、申請者が有料職業紹介事業を行なおうとする事業所の数を乗じて得た額以上であること。

②自己名義の現金・預貯金の額が、150万円以上であること。ただし、2つ目以降の事業所については、1事業所あたり60万円以上が必要。

これらの金額は、直近1年間の決算書で確認しますが、会社を新設したばかりの場合は、設立時の貸借対照表で事足ります。

【事業所の要件】

位置、構造、設備、面積からみて職業紹介事業に適切であること。

【事業主の要件】

①欠格事由（禁錮刑または一定の労働法違反で罰金刑以上に処せられてから5年を経過していない等）に該当しないこと。

②貸金業、質屋営業を営む者は、許可を受け、適正に業務運営をしていること。

③風俗営業等の名義人または実質的な営業を行なわないこと。

④外国人の場合は、在留資格を有していること。

⑤住所および居所が一定しないなど生活根拠が不安定でないこと。

⑥不当に他人の精神、身体および自由を拘束するおそれのないこと。

⑦公衆衛生または公衆道徳上、有害な業務に就かせる行為を行なうおそれのないこと。

⑧虚偽や不正な方法で許可申請を行ない、または許可の審査に必要な調査を拒み、妨げ、もしくは忌避していないこと。

⑨国外にわたる職業紹介を行なう場合にあっては、相手先国の労働市

◎有料職業紹介事業の許可を受けるための要件◎

財産的基礎要件

基準資産額

資産(繰延資産・営業権を除く)の総額 － 負債の総額

❶ 基準資産額≧500万円×事業所の数

❷ 現金・預金の額≧150万円＋60万円×(事業所数－1)

事業所の要件

位置、構造、設備、面積からみて職業紹介事業に適切であること。

他の事業との関係に関する要件

❶ 国または地方公共団体でないこと

❷ 会員の獲得、組織の拡大、宣伝等が目的でないこと

❸ 事業主の利益に偏った職業紹介が行なわれるおそれのあるものでないこと

❹ 介護作業従事者が労災保険の特別加入を希望する場合は所定の申請を行なうこと

❺ 労働者派遣事業と兼業する場合は、いずれの業務に使用する目的で収集された個人情報であるかを明確に管理すること

●そのほか、以下の要件もあります。

- 職業紹介責任者の要件
- 個人情報適正管理の要件
- 事業主の要件
- 手数料に関する要件
- 「業務の運営に関する規程」の要件

場の状況および法制度について把握し、求人者および求職者と的確な意思の疎通を図るに足る能力があること。

7-3

職業紹介責任者の選任とその要件

職業紹介責任者が統括管理する業務と選任要件

有料紹介事業者は、その事業所において職業紹介に関する業務に従事する者の数が50人あたり１人以上の「**職業紹介責任者**」を選任しなければなりません。職業紹介責任者は、以下の職業紹介に関する業務に従事するとともに、従業者に対する職業紹介の適正な遂行に必要な教育を行なわなければなりません。

①求人者または求職者から申し出を受けた苦情の処理に関すること
②求人者の情報（職業紹介に係るものに限る）および求職者の個人情報の管理に関すること
③求人および求職の申込みの受理、求人者および求職者に対する助言および指導その他有料の職業紹介事業の業務の運営および改善に関すること
④職業安定機関との連絡調整に関すること

職業紹介責任者の選任にあたっては、次の要件をすべて満たすものから選任しなければなりません。

- **欠格事由等に該当しないこと**

欠格事由（禁錮刑または一定の労働法違反で罰金刑以上に処せられてから５年を経過していないなど）に該当していないなど、「事業主の要件」を満たしていることが必要です。

- **３年以上の職業経験があること**
- **職業紹介責任者講習を受講すること**

また、職業紹介責任者は、労働関係法令等に関する最新の情報を把握するために、「厚労省人事労務マガジン（メールマガジン）」（https://merumaga.mhlw.go.jp/）に登録しなければなりません。

◎職業紹介責任者のしくみ◎

職業紹介事業者

職業紹介業務従事者
50人あたり1人以上
選任

職業紹介責任者

❶ 求人・求職者からの苦情処理

❷ 求人・求職者の個人情報管理

❸ 求人・求職の申込受理
求人・求職者に対する助言・指導

❹ 職業安定機関との連絡調整

職業紹介責任者講習の受講、
3年以上の職業経験　など

7-4
有料職業紹介事業の許可申請手続き

有料職業紹介事業を始めるために必要なこと

有料職業紹介事業を行なおうとする場合には、許可申請書（☞213ページ）を申請者の主たる事務所の所在地を管轄する都道府県労働局を経由して厚生労働大臣に提出しなければなりません。

この場合、許可申請書には、手数料として５万円の収入印紙が必要となります。ただし、他にも申請したい事業所がある場合には、１万8,000円に職業紹介事業を行なう事業所の数分の収入印紙が必要となります。また、労働者派遣事業と同様に、登録免許税として９万円の納付も必要となります。

法人の場合、申請にあたっては、以下の添付資料を用意する必要があります。

①登記事項証明書　②法人の定款または寄附行為
③役員（代表取締役・監査役を含む）の住民票
④役員（代表取締役・監査役を含む）の履歴書
⑤職業紹介責任者の住民票　⑥職業紹介責任者の履歴書
⑦職業紹介責任者講習会の受講証明書
⑧直近の事業年度における貸借対照表・損益計算書・株主資本等変動計算書
⑨直近の事業年度における法人税の納税証明書
⑩法人税申告書「別表１」および「別表４」のそれぞれのコピー
⑪預貯金の残高証明書等
⑫事業所の不動産登記事項証明書または賃貸借契約書の写し（転貸借の場合は、原契約および転貸に関する覚書等も添付）
⑬業務の運営に関する規程
⑭個人情報適正管理規程
⑮手数料表

◎有料職業紹介事業許可までの流れ◎

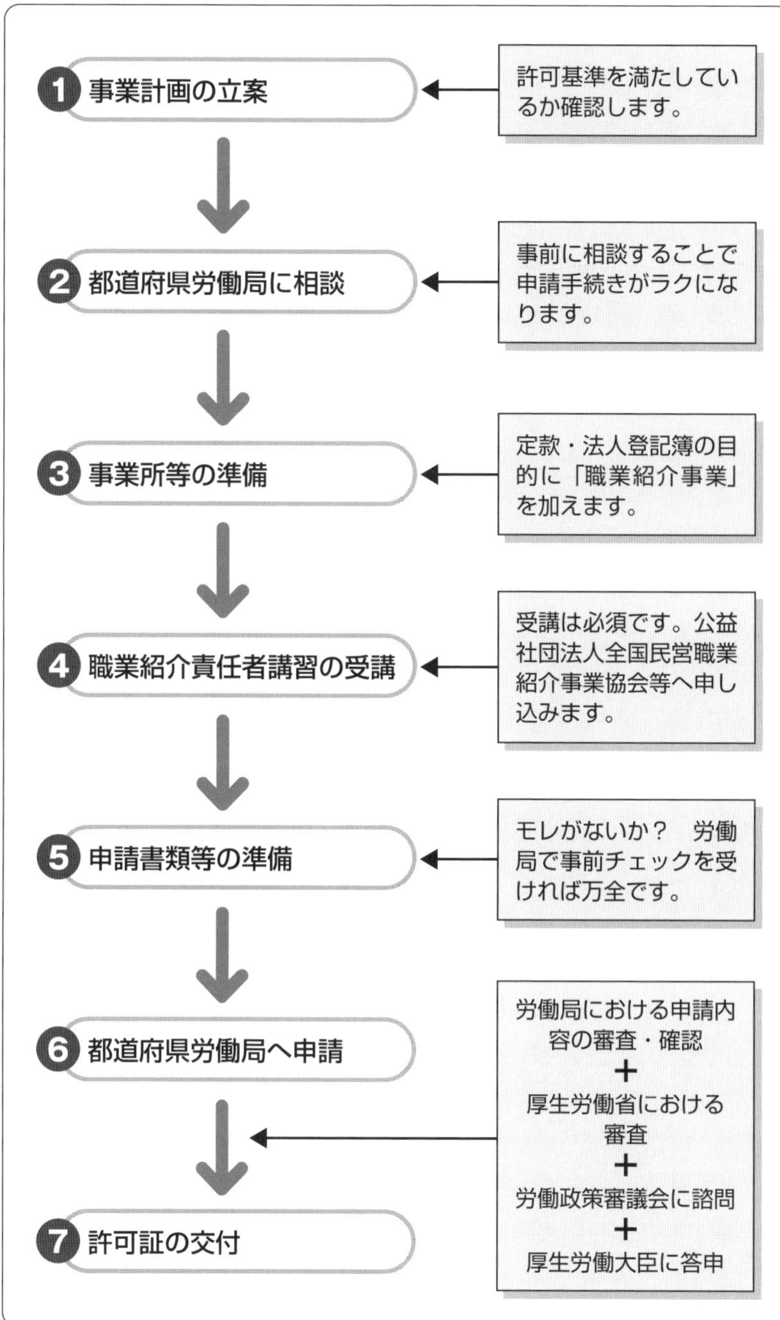

1 事業計画の立案
許可基準を満たしているか確認します。
2 都道府県労働局に相談
事前に相談することで申請手続きがラクになります。
3 事業所等の準備
定款・法人登記簿の目的に「職業紹介事業」を加えます。
4 職業紹介責任者講習の受講
受講は必須です。公益社団法人全国民営職業紹介事業協会等へ申し込みます。
5 申請書類等の準備
モレがないか？ 労働局で事前チェックを受ければ万全です。
6 都道府県労働局へ申請
労働局における申請内容の審査・確認
＋
厚生労働省における審査
＋
労働政策審議会に諮問
＋
厚生労働大臣に答申
7 許可証の交付

7-5

有料職業紹介事業許可申請書の作成のしかた

許可申請書と事業計画書の提出が必要

有料職業紹介事業を始めようとする場合は、「**有料職業紹介事業許可申請書**」（様式第１号）を作成し、都道府県労働局へ提出する必要があります。この申請書は、厚生労働省や都道府県労働局などでダウンロードできるようになっており、簡単に入手できます。

なお、申請にあたっては「**有料職業紹介事業計画書**」（様式第２号☞215ページ）を、届出制手数料による場合は「**届出制手数料届出書**」（様式第３号☞219ページ）をあわせて提出します。

「有料職業紹介事業計画書」には、有料の職業紹介事業を行なう事業所ごとの当該事業に係る求職者の見込数その他職業紹介に関する事項を記載する必要があります。

「届出制手数料届出書」は、有料職業紹介事業者が徴収しようとする手数料について、事業所ごとに手数料表を作成・添付し、届け出るものです（☞次項参照）。

「業務の運営に関する規程」の提出も必要に

そのほか、添付資料として「**業務の運営に関する規程**」の提出も必要ですが（モデル例☞216ページ）、この規程には、以下の事項を定めて、これに従って、適正に運営しなければなりません。なお、この規程は、「個人情報管理規程」と一体のものとしても差し支えありません。

> 職業選択の自由、均等待遇、労働条件等の明示、求職者等の個人情報の取扱い、求人の申込み、求職の申込み、求職者の能力に適合する職業の紹介等、手数料、取扱職種の範囲等の届出等、労働争議に対する不介入

◎「有料職業紹介事業許可申請書」の記載例◎

様式第１号（第１面）　　　　　　　　　　　　　　　　　　（日本産業規格Ａ列４）

事業主印

有　料　・　~~無　料~~
職業紹介事業許可申請書
~~職業紹介事業許可有効期間更新申請書~~

①20△△年 4 月 15 日

厚生労働大臣　殿

②申請者　氏　名（ふりがな）　株式会社　アニモ人材サービス（かぶしきがいしゃ　あにもじんざいさーびす）印　事業主印
代表取締役（だいひょうとりしまりやく）　佐藤（さとう）　喜一（きいち）

1．職業安定法第30条第１項の規定により下記のとおり許可の申請をします。
~~2．職業安定法第33条第１項の規定により下記のとおり許可の申請をします。~~
~~3．職業安定法第32条の６第２項の規定により下記のとおり更新申請をします。~~
~~4．職業安定法第33条第４項において準用する同法第32条の６第２項の規定により下記のとおり更新申請をします。~~

記

③許可番号	（　　　）	
④氏名又は名称（ふりがな）	かぶしきがいしゃ　あにもじんざいさーびす 株式会社　アニモ人材サービス	
⑤所在地（ふりがな）	〒150－0041　電話 03（○○○○）×××× とうきょうとしぶやくじんなん 東京都渋谷区神南 3－8－12	
⑥代表者氏名等（ふりがな）	氏名	住所
	さとう　きいち 佐藤　喜一	とうきょうとみなとくかいがん 東京都港区海岸 1－50－25
⑦役員氏名等（ふりがな）（法人のみ）	氏名	住所
	すずき　じろう 鈴木　次郎	とうきょうときたくおうじ 東京都北区王子 1－31－1
	たかはし　さぶろう 高橋　三郎	とうきょうとめぐろくかみめぐろ 東京都目黒区上目黒 1－28－4
	やまだ　しろう 山田　四郎	かながわけんよこはましこうほくくまめどちょう 神奈川県横浜市港北区大豆戸町525

収入印紙
［消印してはならない］

登記簿謄本どおりに記入します。

監査役、社外取締役を含み、役員全員分を記入します。役員が４名以上の場合は別紙に記載します。

住所は住民票どおりに記入します。

次ページに第２面があります。

様式第１号（第２面）

事業主印

⑧兼業の種類・内容	1. 労働者派遣事業（派13-300△△△）	2. 再就職支援事業	3. 経営コンサルタント
	4.	5.	

労働者派遣事業の許可を受けている場合は、許可番号も記入します。

職業紹介事業を行う事業所に関する事項

⑨事業所			
名称		所在地	
株式会社　アニモ人材サービス		東京都渋谷区神南 3-8-12	
⑩職業紹介責任者氏名等		⑪担当者職・氏名・電話番号	
氏名	住所		
青山　信二	千葉県船橋市三山 1-50-1	職業紹介事業部　課長 森川　稔	（ 03 ）○○○○-△△△△

賃貸借契約書どおりに記入します。

⑨事業所			
名称		所在地	
⑩職業紹介責任者氏名等		⑪担当者職・氏名・電話番号	
氏名	住所		
		（　　）　－	

住民票記載の住所と異なる場合は、現住所も併記します。

⑫取次機関

（ふりがな）イ 名称	
（ふりがな）ロ 住所	
ハ 事業内容	

国外にわたる職業紹介を行なう場合、取次機関を利用するのであれば記入します。

◎「有料職業紹介事業計画書」の記載例◎

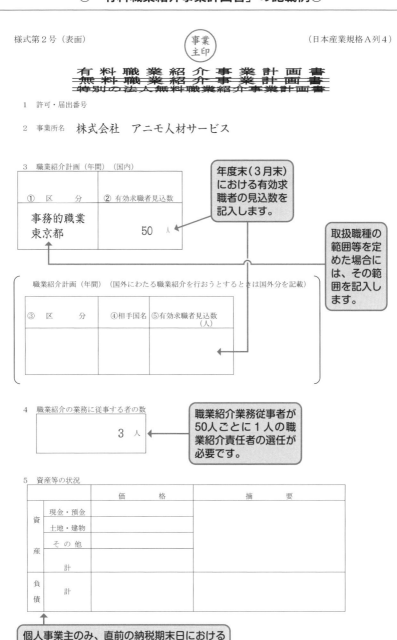

様式第２号（表面）　　事業主印　　（日本産業規格Ａ列４）

有料職業紹介事業計画書
~~無料職業紹介事業計画書~~
~~特別の法人無料職業紹介事業計画書~~

1　許可・届出番号

2　事業所名　株式会社　アニモ人材サービス

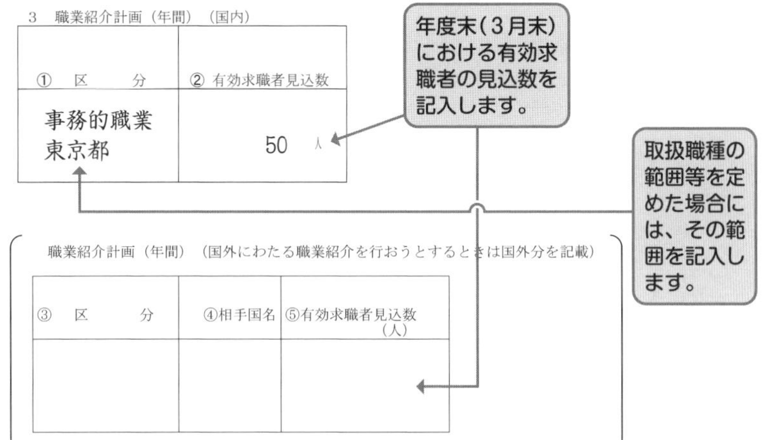

年度末（３月末）における有効求職者の見込数を記入します。
取扱職種の範囲等を定めた場合には、その範囲を記入します。

3　職業紹介計画（年間）（国内）

①　区　分	②　有効求職者見込数
事務的職業 東京都	50　人

職業紹介計画（年間）（国外にわたる職業紹介を行おうとするときは国外分を記載）

③　区　分	④相手国名	⑤有効求職者見込数（人）

4　職業紹介の業務に従事する者の数

3　人

職業紹介業務従事者が50人ごとに１人の職業紹介責任者の選任が必要です。

5　資産等の状況

		価　格	摘　要
資産	現金・預金		
	土地・建物		
	そ の 他		
	計		
負債	計		

個人事業主のみ、直前の納税期末日におけるすべての資産等の状況を記入します。

◎「業務の運営に関する規程」のモデル例◎

業務の運営に関する規程

第1条（求　人）

1　当社は、一般事務の職業、商品販売の職業、その他のサービスの職業に関する限り、いかなる求人の申込みについても、これを受理します。

ただし、その申込みの内容が法令に違反したり、賃金、労働時間等の労働条件が通常の労働条件と比べて著しく不適当である場合には受理しません。

2　求人の申込みは、求人者またはその代理人が直接来社されて、所定の求人票によりお申し込みください。直接来社できないときは、郵便、電話、ファックスまたは電子メールでも差し支えありません。

3　求人申込みの際には、業務内容、賃金、労働時間、その他の雇用条件をあらかじめ書面の交付または電子メールの使用により明示してください。ただし、紹介の実施について緊急の必要があるため、あらかじめ書面の交付または電子メールの使用による明示ができないときは、当該明示すべき事項をあらかじめこれらの方法以外の方法により明示してください。

4　求人受付の際には、受付手数料を、別表の料金表にもとづき申し受けます。いったん申し受けた手数料は、紹介の成否にかかわらずお返しいたしません。

第2条（求　職）

1　当社は、一般事務の職業、商品販売の職業、その他のサービスの職業に関する限り、いかなる求職の申込みについても、これを受理します。

ただし、その申込みの内容が法令に違反する場合には受理しません。

2　求職申込みは、本人が直接来社されて、当社の求職票によりお申し込みください。

3　常に、日雇的または臨時的な労働に従事することを希望される方は、当社に特別の登録をしておき、別に定める登録証の提示によって、求職申込みの手続きを省略いたします。

第3条（紹　介）

1　求職の方には、職業安定法第2条にも規定される職業選択の自由の趣旨を踏まえ、そのご希望と能力に応ずる職業に速やかに就くことができるよう、極力お世話いたします。

2　求人の方には、そのご希望に適合する求職者を極力お世話いたします。

3　紹介に際しては、求職の方に、紹介において従事することとなる業務の内容、賃金、労働時間その他の雇用条件を、あらかじめ書面の交付または希望される場合には電子メールの使用により明示します。ただし、紹介の実施について緊急の必要があるため、あらかじめ書面の交付または電子メールの使用による明示ができないときは、あらかじめそれらの方法以外の方法により明示を行ないます。

4　求職の方を求人者に紹介する場合には、紹介状を発行しますから、その紹介状を持参して求人者へ行っていただきます。

5　いったん求人、求職の申込みを受けた以上、責任をもって紹介の労をとります。

6　当社は、労働争議に対する中立の立場をとるため、同盟罷業または作業閉鎖の行なわれている間は、求人者に紹介をいたしません。

7　就職が決定しましたら、求人された方から別表の手数料表にもとづき、紹介手数料を申し受けます。

第４条（その他）

1　当社は、職業安定機関およびその他の職業紹介事業者等と連携を図りつつ、当該事業に係る求職者等からの苦情があった場合は、迅速、適切に対応いたします。

2　当社の行なった職業紹介の結果については、求人者、求職者の両方から当社に対してその報告をしてください。また、当社の職業紹介により期間の定めのない労働契約を締結した求職者が就職から６か月以内に離職（解雇の場合を除く）したか否かについて、求人者から当社に報告してください。

3　当社は、求職者または求人者から知り得た個人的な情報は個人情報適正管理規程にもとづき、適正に取り扱います。

4　当社は、求職者または求人者に対し、その申込みの受理、面接、指導、紹介等の業務について、人種、国籍、信条、性別、社会的身分、門地、従前の職業、労働組合の組合員であること等を理由として差別的な取扱いは一切いたしません。

5　当社の取扱い職種の範囲は、一般事務の職業、商品販売の職業、その他のサービスの職業です。

6　当社の業務の運営に関する規定は、以上のとおりですが、当社の業務は、すべて職業安定法関係法令および通達にもとづいて運営されますので、ご不明の点は担当者に詳しくお尋ねください。

20△△年○月○日　　　　　株式会社アニモ人材サービス
代表取締役　佐藤　喜一

7-6

届出制手数料と上限制手数料の選択

多くの事業者は届出制手数料を採用している

職業紹介事業者は、「届出制手数料」と「上限制手数料」のいずれかを選択して徴収することができます。同一の者に対して、届出制手数料と上限制手数料を併用して徴収することはできませんが、取扱い分野に応じてこの２つの手数料を併用することは差し支えありません。

【届出制手数料】

多くの職業紹介事業者が採用しているもので、厚生労働大臣に対して、あらかじめ職業紹介事業者が届け出た手数料表にもとづいて、求人者から徴収できる手数料をいいます。

届出された手数料表にもとづく手数料は、①手数料の種類、額その他手数料に関する事項が明確に定められていない、あるいは、②特定の者に対して不当な差別的取扱いをするものである場合は、その手数料が著しく不当であると認められると変更を命じられます。

なお、届出制手数料の場合は、求人者からは求人申込み受理日以降に、再就職あっ旋を行なう雇用主からは求職申込み受理日以降に、それぞれ徴収することになりますが、ほとんどの場合が職業紹介に対する成功報酬制を採用しています。また、届出制手数料については、「**届出制手数料届出書**」に記入して都道府県労働局へ提出します。

【上限制手数料】

厚生労働省が定める金額を上限として、求人者から徴収できる手数料をいいます。**求人受付手数料**と**紹介手数料**の２種類があります。

求人受付手数料とは、求人の申込みを受理したときに発生する手数料で、１件につき710円（免税事業者は660円）を上限として徴収することができます。紹介手数料とは、賃金が支払われた日以降、求人者または関係雇用主から徴収できるもので、支払われた賃金額の100分の11（免税事業者は10.3）に相当する額など、いくつかのケースに応じて手数料の額が決まっています。

◎「届出制手数料届出書」の記載例◎

様式第３号（表面）　（日本産業規格A列４）

届出制手数料届出書
~~届出制手数料変更届出書~~

①20△△年 4 月 1 日

厚生労働大臣　殿

②届出者 氏　名（ふりがな）　かぶしきがいしゃ あにもじんざいさーびす 株式会社　アニモ人材サービス
だいひょうとりしまりやく さとう きい 代表取締役　佐藤　喜一

職業安定法第32条の３第１項第２号の規定により下記の届出制手数料に係る届出をします。

記

③許可番号	← 有料職業紹介事業許可申請書と併せて提出する場合には記入しません。
④氏名又は名称（ふりがな）	かぶしきがいしゃ　あにもじんざいさーびす 株式会社　アニモ人材サービス
⑤所在地（ふりがな）	〒150－0041　電話　03（○○○○）×××× とうきょうとしぶやくじんなん 東京都渋谷区神南 3-8-12
⑥適用開始・変更予定日	年　月　日
⑦届出・変更届出内容	別紙のとおり
⑧備考	届出担当者　職業紹介事業部　課長 森川　稔（ 03 ）○○○○－△△△△ 株式会社　アニモ人材サービス

7-7

求人求職管理簿と手数料管理簿の作成

事業を開始した後に作成が必要になる

職業紹介事業の許可を受けて、実際に事業を開始した後も一定の書類を作成することになります。

●求人求職管理簿の作成

「求人求職管理簿」とは、求人、求職の受理状況や職業あっ旋の状況を管理するために、職業紹介事業者に作成が義務づけられている台帳をいいます。これは、職業紹介事業を行なう事業所ごとに作成し、職業紹介の完結の日から２年間保存しなければなりません。なお、様式は決められていませんので、任意のものを使用してかまいません。

求人求職管理簿に記載すべき事項は、右ページのとおりです。

なお、企業説明会等において求人者または求職者の情報を収集した場合であっても、求人・求職の申込みに至らない場合には、求人求職管理簿の記載は不要です。ただし、企業説明会等の終了後に、その求人者または求職者の職業紹介を行なう場合には、改めて求人または求職の申込みを受理するとともに、求人求職管理簿に必要事項を記入する必要があります。

また、収集した求職者の情報に個人情報が含まれる場合には、その業務の目的の達成に必要な範囲内で求職者等の個人情報を収集し、そして、その収集の目的の範囲内でこれを保管・使用し、適切に取り扱わなくてはなりません。

●手数料管理簿の作成

「手数料管理簿」とは、職業紹介事業者が職業紹介のつど、手数料徴収の状況を記録するものです。一般的には、①上限制手数料用、②届出制手数料用、③求職者手数料用に分けて作成することになります。この管理簿の保存義務も２年間です。

◎求人求職管理簿に記載すべき事項◎

【求人に関する事項】

①求人者の氏名または名称（求人者が個人の場合は氏名を、法人の場合は名称を記載。ただし、求人者が複数の事業所を有するときは、求人の申込みおよび採用選考の主体となっている事業所の名称を記載する）

②求人者の所在地

③求人に係る連絡先（担当者の氏名および連絡先電話番号等を記載）

④求人受付年月日（同じ求人者から、複数の求人を同一の日に受け付ける場合で、受付が同時ではない場合は、その旨記載する）

⑤求人の有効期間（有効期間がある場合は、その有効期間を記載し、有効期間が終了したつど、その旨を記載する）

⑥求人数　⑦求人に係る職種　⑧求人に係る就業場所

⑨求人に係る雇用期間

⑩求人に係る賃金（ただし、労働者の能力等によって、賃金額が異なる場合については、下限額および上限額を記載すればよい）

⑪職業紹介の取扱状況（求職者をあっせんした場合は、職業紹介を行なった時期、求職者の氏名、採用・不採用の別を記載する。採用された場合は採用年月日、無期雇用就職者である場合はその旨、転職勧奨が禁止される期間（採用年月日から、採用年月日の２年後の応当日の前日までの間）および無期雇用就職者の離職状況も記載する。ただし、トラブル防止の観点から、採用・不採用に至るまでの経緯を記載することは問題ない）

【求職に関する事項】

①求職者の氏名　②求職者の住所　③求職者の生年月日

④求職者の希望職種　⑤求職受付年月日

⑥求職の有効期間（有効期間がある場合は、その有効期間を記載し、有効期間が終了したつど、その旨を記載する）

⑦職業紹介の取扱状況（求職者に求人をあっせんした場合は、職業紹介を行なった時期、求人者の氏名または名称（当該求人者からの求人が複数ある場合は、求人が特定できるようにしておくこと）、採用・不採用の別を記載する。採用された場合は採用年月日、無期雇用就職者である場合はその旨、転職勧奨が禁止される期間（採用年月日から、採用年月日の２年後の応当日の前日までの間）および無期雇用就職者の離職状況も記載する。ただし、トラブル防止の観点から、採用・不採用に至るまでの経緯を記載することは問題ない）

7-8
有料職業紹介事業報告書の作成のしかた

報告対象期間は４月１日から３月30日まで

「**有料職業紹介事業報告書**」（様式第８号）は、職業紹介事業者が、報告対象期間中の事業実績を厚生労働大臣に届け出る報告書のことです。この場合の報告対象期間は、前年の４月１日から当年の３月31日までで、毎年４月30日までに、職業紹介を行なった実績がまったくない場合も含め、職業紹介事業者は必ず提出しなければなりません。

報告書の「４　活動状況（国内）」欄における「常用」「臨時」「日雇」については次のように定義されています。

- **常用**…４か月以上の期間を定めて雇用されるもの、または期間の定めなく雇用されるもの
- **臨時**…１か月以上４か月未満の期間を定めて雇用されるもの
- **日雇**…１か月未満の期間を定めて雇用されるもの

また、上記４欄および５欄にある「取扱業務等の区分」は、厚生労働省編職業分類（平成23年版）における01から78の中分類の区分により記載します。ただし、家政婦（夫）、マネキン、調理師、芸能家、配膳人、モデル、医師、看護師、保育士の職業および技能実習生については、中分類とは別に記載することになっています。

なお、職業紹介の結果、採用され、期間の定めのない労働契約を締結した無期雇用就職者の離職について、報告すべき年の前々年の４月１日からその年の３月31日までに就職した者に関する状況を報告する必要があります。この報告については、雇用主に対する調査をしたうえで、離職した人数を確認して行ないます。

ただし、職業紹介事業者が返戻金制度を設けている場合には、その返戻金制度により手数料を返金した人数を報告することができます。

◎「有料職業紹介事業報告書」の記載ポイント◎

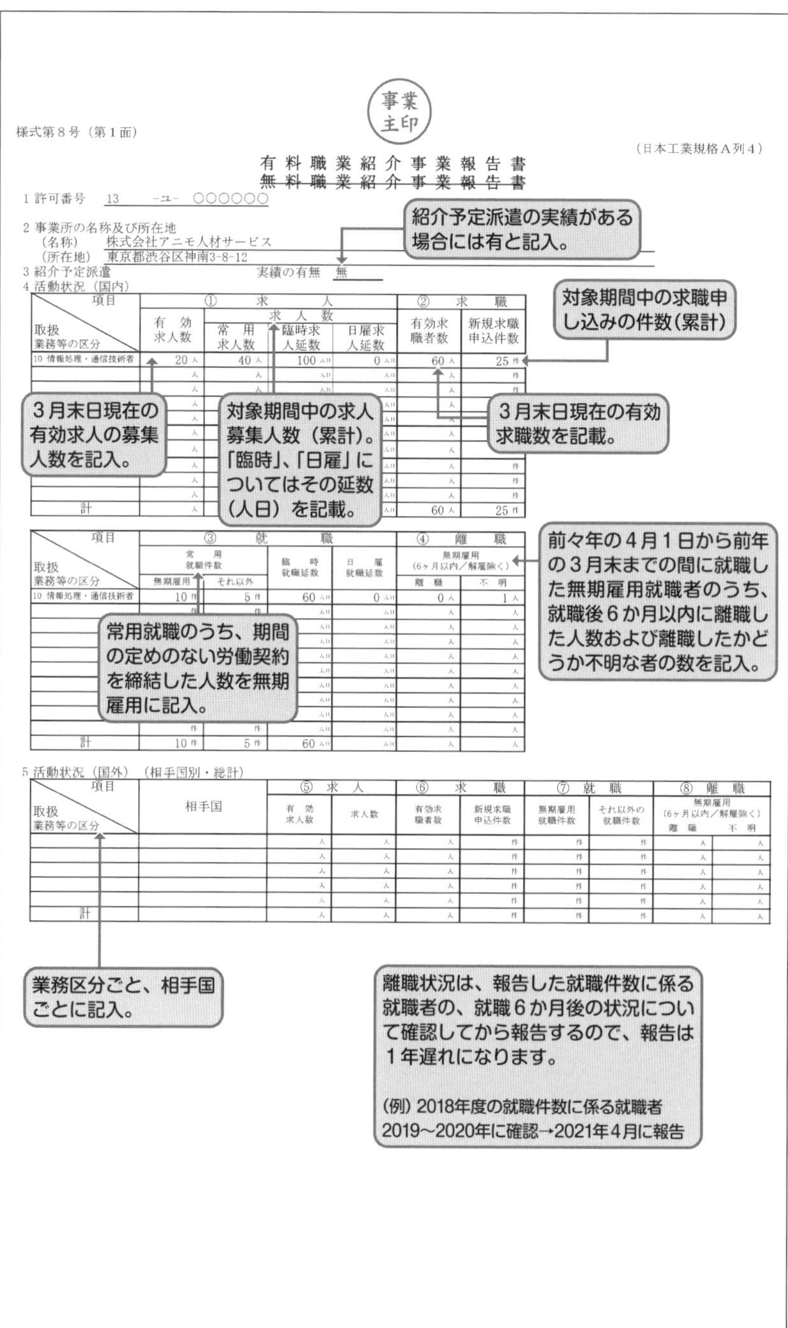

様式第８号（第１面）

事業主印

（日本工業規格Ａ列４）

有料職業紹介事業報告書
~~無料職業紹介事業報告書~~

1 許可番号　13　-ユ-　○○○○○○

2 事業所の名称及び所在地
（名称）　株式会社アニモ人材サービス
（所在地）　東京都渋谷区神南3-8-12

3 紹介予定派遣　実績の有無　無

4 活動状況（国内）

項目 / 取扱業務等の区分	① 求人				② 求職	
	有効求人数	求人数			有効求職者数	新規求職申込件数
		常用求人数	臨時求人延数	日雇求人延数		
10 情報処理・通信技術者	20人	40人	100人日	0人日	60人	25件
計	人			人日	60人	25件

項目 / 取扱業務等の区分	③ 就職				④ 離職	
	常用就職件数		臨時就職延数	日雇就職延数	無期雇用（6ヶ月以内／解雇除く）	
	無期雇用	それ以外			離職	不明
10 情報処理・通信技術者	10件	5件	60人日	0人日	0人	1人
計	10件	5件	60人日	人日	人	人

5 活動状況（国外）（相手国別・総計）

項目 / 取扱業務等の区分	相手国	⑤ 求人		⑥ 求職		⑦ 就職		⑧ 離職	
		有効求人数	求人数	有効求職者数	新規求職申込件数	無期雇用就職件数	それ以外の就職件数	無期雇用（6ヶ月以内／解雇除く） 離職	不明
計		人	人	人	件	件	件	人	人

7-9

許可有効期間の更新申請のしかた

更新申請書を提出して手続きを行なう

有料職業紹介事業の許可の有効期間は、**新規については3年、更新については5年**となっています。また、無料職業紹介事業の許可の有効期間は、**新規、更新ともに5年**です。

2つの事業とも、有効期間が満了したときには、この許可は失効することになるので、引き続き職業紹介事業を行なおうとする場合には、許可の有効期間が満了する日の3か月前までに、「**職業紹介事業許可有効期間更新申請書**」(様式第1号)を、管轄都道府県労働局を経由して厚生労働大臣に提出しなければなりません。

この場合、有料職業紹介事業の場合には、許可有効期間更新申請書に手数料として、更新を受けようとする事業所について1事業所あたり1万8,000円の収入印紙を貼付する必要があります。

申請の際に必要となる添付書類は、以下のとおりです。

- 事業所ごとの有料職業紹介事業計画書(様式第2号)
- 直近の事業年度における決算報告書(貸借対照表・損益計算書・株主資本等変動計算書)
- 法人税申告書「別表1」および「別表4」のそれぞれのコピー
- 直近の事業年度における決算にかかる納税証明書(その2 所得金額用)
- 職業紹介責任者講習会受講証明書

なお、有効期間の更新は、更新前と同じ許可内容のまま、有効期間のみを更新するものなので、変更すべき事項がある場合には、有効期間の更新手続きとあわせて、変更届出等の手続きを行なう必要があります。

◎「有料職業紹介事業許可有効期間更新申請書」の記載例◎

様式第１号（第１面）　　（日本産業規格Ａ列４）

事業主印

有料・~~無料~~
~~職業紹介事業許可申請書~~
職業紹介事業許可有効期間更新申請書

①20△△年 4 月 15 日

厚生労働大臣　殿

②申請者　氏　名（ふりがな）かぶしきがいしゃ　あにもじんざいさーびす 株式会社　アニモ人材サービス 印
だいひょうとりしまりやく　さとう　きいち 代表取締役　佐藤　喜一　事業主印

~~１．職業安定法第30条第１項の規定により下記のとおり許可の申請をします。~~
~~２．職業安定法第33条第１項の規定により下記のとおり許可の申請をします。~~
３．職業安定法第32条の６第２項の規定により下記のとおり更新申請をします。
~~４．職業安定法第33条第４項において準用する同法第32条の６第２項の規定により下記のとおり更新申請をします。~~

記

③許可番号	13－ユ－000000	（20×△年3月31日）
④氏名又は名称（ふりがな）	かぶしきがいしゃ　あにもじんざいさーびす 株式会社　アニモ人材サービス	
⑤所在地（ふりがな）	〒150－0041 とうきょうとしぶやくじんなん 東京都渋谷区神南３－８－12	電話 03（○○○○）××××
⑥代表者氏名等（ふりがな）	氏名	住所
	さとう　きいち 佐藤　喜一	とうきょうとみなとくかいがん 東京都港区海岸１－50－25
⑦役員氏名等（法人のみ）（ふりがな）	氏名	住所
	すずき　じろう 鈴木　次郎	とうきょうときたくおうじ 東京都北区王子１－31－１
	たかはし　さぶろう 高橋　三郎	とうきょうとめぐろくかみめぐろ 東京都目黒区上目黒１－28－４
	やまだ　しろう 山田　四郎	かながわけんよこはましこうほくくまめどちょう 神奈川県横浜市港北区大豆戸町525

収入印紙
〔消印してはならない〕

許可の有効期間の末日を記入。

監査役、社外取締役を含め、全役員を記入。

次ページに第２面があります。

様式第１号（第２面）

事業主印

⑧兼業の種類・内容	1. 労働者派遣事業（派13-300△△△） 2. 再就職支援事業 3. 経営コンサルタント 4. 5.

労働者派遣事業の許可を受けている場合は、許可番号も記入します。

職業紹介事業を行う事業所に関する事項

⑨事業所			
名称		所在地	
株式会社　アニモ人材サービス		東京都渋谷区神南 3-8-12	
⑩職業紹介責任者氏名等		⑪担当者職・氏名・電話番号	
氏名	住所		
青山　信二	千葉県船橋市三山 1-50-1	職業紹介事業部　課長 森川　稔 (03) ○○○○-△△△△	

⑨事業所			
名称		所在地	
⑩職業紹介責任者氏名等		⑪担当者職・氏名・電話番号	
氏名	住所		
		(　　)　　―	

住民票と異なる場合は、現住所も併記します。

⑫取次機関

(ふりがな) イ 名称	
(ふりがな) ロ 住所	
ハ 事業内容	

8章

正社員採用につながる「紹介予定派遣」の活用のしかた

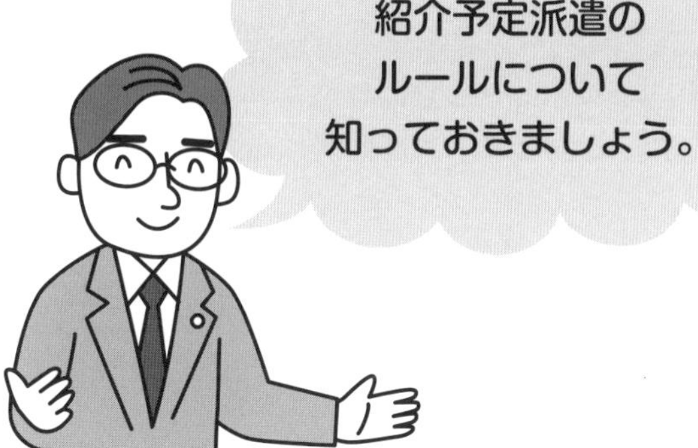
紹介予定派遣の
ルールについて
知っておきましょう。

8-1

紹介予定派遣の内容と活用メリット

紹介予定派遣とは何か

「**紹介予定派遣**」とは、派遣元会社が労働者派遣を行なう前または後に、職業紹介を行なうことをあらかじめ予定して実施される労働者派遣の一形態です。

したがって、派遣元が紹介予定派遣を行なうためには、労働者派遣事業としての許可や届出だけでなく、**有料職業紹介事業の許可**を受けておく必要があります。

紹介予定派遣は、特に派遣先にとって大きな活用意義があります。なぜならば、本来の労働者派遣では禁止されている派遣労働者を特定する行為、すなわち、事前面接や履歴書の事前送付が認められているからです。

したがって、事前面接や履歴書の事前送付を経たうえで、労働者派遣という雇用形態で業務に従事させて、派遣労働者のスキルや人柄を見極めてから、派遣先の正規社員として迎えることができます。

紹介予定派遣の派遣期間は最大で6か月

紹介予定派遣が目的とするところは、あくまでも正規社員としての採用ですから、派遣期間が長期にわたると、本来の制度の趣旨から外れてしまいます。そのため、**派遣期間は6か月を超えない**ものと定められています。

また、紹介予定派遣契約にもとづいて派遣を受け入れていた派遣先が、職業紹介を受けない、あるいは職業紹介を受けた労働者を採用しない場合は、派遣元は派遣労働者の求めに応じて、書面、電子メール、ファクシミリなどで、その旨を明示するよう求めることができます。この派遣先から明示された理由は、派遣元から派遣労働者に対して書面、電子メール、ファクシミリなどで明示しなければなりません。

なお、派遣先は、紹介予定派遣により正規社員として雇い入れた労

◎紹介予定派遣のしくみ◎

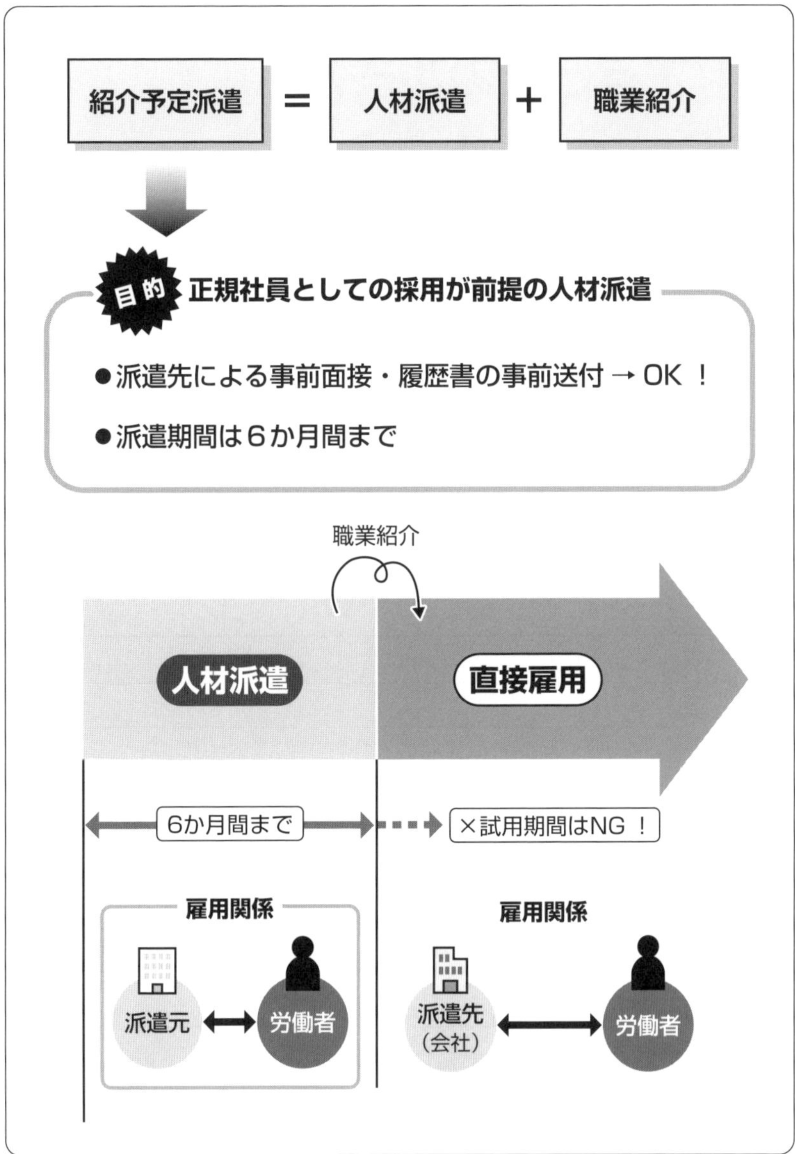

働者については、**試用期間を設けてはならない**ことになっています。これは、派遣期間においてすでに適格性の判断が可能であると考えられるためです。

8-2

紹介予定派遣を活用するときのルール

有料職業紹介事業との兼業が認められる条件とは

紹介予定派遣は、労働者派遣事業としての許可のほかに、有料職業紹介事業の許可を受けて兼業することになります。兼業が認められるためには、以下のいずれにも該当することが求められています。

①労働者の希望にもとづき個別の申込みがある場合を除いて、同じ者について派遣の登録と求職の申込みの受付を重複して行なわず、かつ、相互に入れ換えないこと

②派遣の依頼者または求人者の希望にもとづく個別の申込みがある場合を除いて、派遣の依頼と求人の申込みを重複して行なわず、かつ、相互に入れ換えないこと

③派遣労働者の個人情報と求職者の個人情報を職業紹介、派遣のいずれの業務に使用することを目的として収集されたものか明確にして管理すること

④派遣の依頼者と求人者の情報が、職業紹介、派遣のいずれの業務に使用することを目的として収集されたものか明確にして管理すること

⑤派遣の登録のみをしている派遣労働者に職業紹介を行なわず、かつ、求職の申込みのみをしている求職者に派遣を行なわないこと

⑥派遣の依頼のみを行なっている者に職業紹介を行なわず、かつ、求人の申込みのみをしている求人者に派遣を行なわないこと

⑦紹介予定派遣を行なう場合を除いて、求職者に対して職業紹介する手段として派遣をするものではないこと

また、紹介予定派遣の場合においては、労働者派遣契約書、派遣労働者への就業条件明示書、派遣元管理台帳および派遣先管理台帳の所定の欄に、**紹介予定派遣に関する事項**を記載しなければなりません。

派遣元は、紹介予定派遣として派遣労働者を雇い入れる場合は、その旨を派遣労働者に明示しなければならず、また、すでに派遣元に雇

◎紹介予定派遣のルール◎

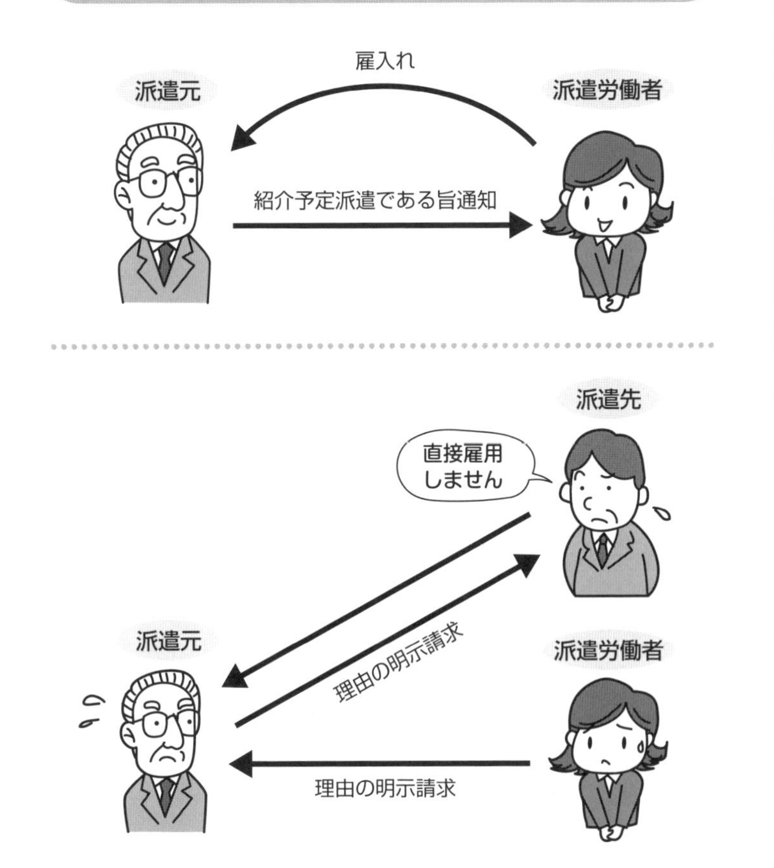

い入れている労働者を新たに紹介予定派遣の対象とする場合は、その旨をその労働者に明示し、同意を得ることが必要です。

8-3 紹介予定派遣を行なう際の留意事項

派遣元責任者と職業紹介責任者は兼務OK

実際に紹介予定派遣事業を行なうためには、**労働者派遣事業および職業紹介事業の両方の許可**が必要になります。

財産的基礎要件としては、労働者派遣事業では、基準資産額が2,000万円以上、現金・預金の額が1,500万円以上必要となります。一方の有料職業紹介事業では、基準資産額が500万円以上、現金・預金の額が150万円以上となっています。

しかし、紹介予定派遣を行なう際には、両者を合算する必要はなく、許可基準のハードルが高い労働者派遣事業の許可要件を満たしてさえいれば事足ります。

また、**派遣元責任者と職業紹介責任者を同一の者が兼務してもよい**ことになっています。

しかし、派遣労働者や求人・求職者の管理など業務量が非常に多くなり、個人情報の適正管理などに支障をきたすことも危惧されるので、別々に選任したほうがよりベターでしょう。

次に、派遣先会社と労働者派遣契約を結ぶことになりますが、その際、個別契約において紹介予定派遣に関する事項について明記するとともに、実際に派遣する労働者に対して、今回の労働者派遣契約が紹介予定派遣である旨を**就業条件明示書でしっかりと通知**します。

派遣労働者として派遣される期間においては、派遣元は派遣元管理台帳に、派遣先は派遣先管理台帳に、それぞれ紹介予定派遣に関する事項を記入し、就業の状況を管理していくことになります。

労働者派遣期間が満了した際には、派遣元は有料職業紹介事業としての業務に転換して、派遣していた労働者は派遣先で直接雇用することとなります。

なお、紹介予定派遣としての労働者派遣期間は6か月以内で定めるものとされていますが、派遣労働者、派遣元、派遣先の三者が合意し

◎紹介予定派遣が可能となる条件◎

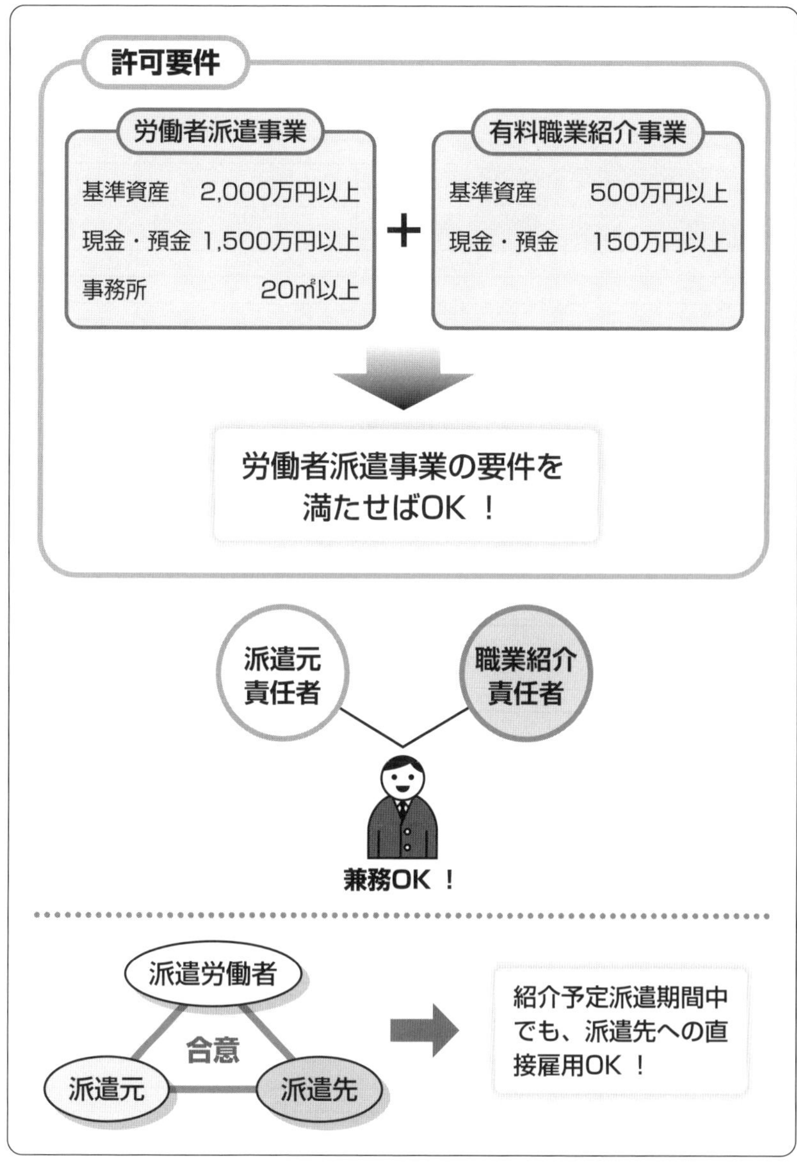

た場合には、労働者派遣事業としての期間中であっても、中途で労働者派遣契約を打ち切り、派遣先に対して職業紹介することも可能です。

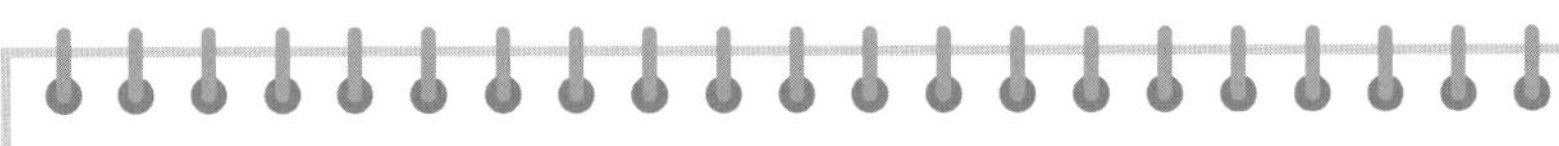

さくいん

ま

や

ら

わ

おわりに

本書をお読みいただき、まことにありがとうございました。

わが国において、労働者派遣は労働力の需給調整のため発展し、現在の社会経済においては欠くことのできないものとなりました。

その労働者派遣を制度化し、ルールを定めているのが、労働者派遣法ですが、労働者派遣法に定められた手続きは派遣労働者の保護に資するため複雑かつ煩雑なものになっています。

本書の執筆にあたっては、労働者派遣法およびその手続き等をよりわかりやすくお伝えすることを第一に考えました。

さて、働き方改革関連法では、「時間外労働の上限規制の強化」とあわせて、「同一労働・同一賃金」の実現に向けた法整備が実施されましたが、その一環として労働者派遣法も改正されました。派遣元に対して、①派遣先との均等・均衡による待遇改善、②労使協定で定めた基準に従った待遇改善のいずれかを選択し、実施する義務が課され、派遣先も、均等・均衡処遇の推進のために必要な措置を講じることとなりました。

これらの改正が、労働者派遣事業の健全な育成に寄与し、また今後の法改正においても労働者派遣制度がよりよい制度となっていくことを期待しています。

本書が皆さまの業務の一助となり、労働者派遣事業がより適正に運営されていくことにつながりましたら、これに勝る喜びはありません。

最後に、本書の出版にあたり、ご尽力くださいましたアニモ出版編集部の小林良彦様をはじめとする製作に携わった皆さま、アドバイスをくれた弊所代表社員の佐藤広一先生、また協力してくれた川合凛さんに心より御礼申し上げます。本当にありがとうございました。

HRプラス社会保険労務士法人

マネジャー・社会保険労務士 星野陽子

著者プロフィール

佐藤広一（さとう　ひろかず）

特定社会保険労務士。HRプラス社会保険労務士法人代表社員。
1968年、東京都出身。明治学院大学経済学部卒業、2000年、さとう社会保険労務士事務所（現HRプラス社会保険労務士法人）開設。人事労務パーソンにコミットした人事労務相談、コンサルティングを積極的に展開中。IPO、M&Aシーンにおける労務デューデリジェンス、PMI、海外赴任者に対する賃金制度の設計、海外赴任規程の作成などを行なうほか、複数の上場企業の社外役員を現任し、ボードメンバーとしても労務コンプライアンスに寄与。TBSドラマ『逃げるは恥だが役に立つ』、日本テレビ『ダンダリン 労働基準監督官』監修、「日本経済新聞」「週刊ダイヤモンド」「週刊エコノミスト」など新聞・雑誌への寄稿・取材多数、SMBCコンサルティング、日本能率協会、労務行政などで講演を行なっている。
主な著書に、『管理職になるとき これだけは知っておきたい労務管理』『東南アジア進出企業のための海外赴任・海外出張の労務と税務 早わかりガイド』（以上、アニモ出版）、『最新版 図解でハッキリわかる労働時間、休日・休暇の実務』『「働き方改革関連法」企業対応と運用の実務がわかる本』（以上、日本実業出版社）、『泣きたくないなら労働法』（光文社）など多数ある。

星野陽子（ほしの　ようこ）

埼玉県出身。東洋大学経済学部卒業。2014年、社会保険労務士試験合格。一般企業の営業職、法律事務所の秘書を経て、さとう社会保険労務士事務所（現HRプラス社会保険労務士法人）に入所。IPO、M&Aシーンでの労務デューデリジェンスなどのコンサルティング業務に従事するほか、労働力の需給調整、主に労働者派遣法に関する業務を得意としている。
共著書に、『社会保険事務 最強ガイド』『給与計算事務 最強ガイド』『労災保険の実務と手続き 最強ガイド』『図解でわかる労働基準法 いちばん最初に読む本』（以上、アニモ出版）がある。

【HRプラス社会保険労務士法人】

東京都渋谷区恵比寿を拠点に、「HR(人事部)に安心、情報、ソリューションをプラスする」というコンセプトのもと、全国のクライアントに対し、人事労務に関するコンサルティングを行なっている。人事労務パーソンの立場に立った人事労務相談、就業規則や諸規程の整備、IPO支援、M&A、海外進出支援、社会保険事務のアウトソーシングなどを展開。品質と信頼を担保するために、担当するスタッフ全員が社会保険労務士有資格者。24時間以内のクイックレスポンスを堅持。プライバシーマークの取得、FORTIGATEの実装、入退室ログ管理システムの導入など、万全のセキュリティ体制でマイナンバー制度へも対応している。

著書に、『労災保険の実務と手続き 最強ガイド』『図解でわかる労働基準法 いちばん最初に読む本』『テレワークを導入・運用するとき これだけは知っておきたい労務管理』(以上、アニモ出版)がある。

URL　https://ssl.officesato.jp/

図解でわかる労働者派遣 いちばん最初に読む本

【改訂2版】

2016年1月20日　初版発行
2020年12月10日　改訂2版発行
2024年5月5日　第4刷発行

著　者　佐藤広一・星野陽子

発行者　吉溪慎太郎

発行所　株式会社アニモ出版

〒162-0832 東京都新宿区岩戸町12 レベッカビル
TEL 03(5206)8505　FAX 03(6265)0130
http://www.animo-pub.co.jp/

ISBN978-4-89795-244-4

印刷・製本：壮光舎印刷　Printed in Japan